GOUTONG
DE ZHIHUI

沟通的智慧

冠 诚◎著

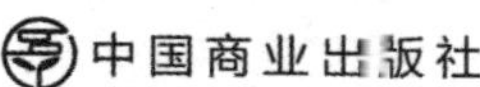
中国商业出版社

图书在版编目（CIP）数据

沟通的智慧/冠诚著．—北京：中国商业出版社，2020.4

ISBN 978－7－5208－0929－0

Ⅰ．①沟…　Ⅱ．①冠…　Ⅲ．．①心理交往－通俗读物　Ⅳ．①C912.11－49

中国版本图书馆 CIP 数据核字（2019）第 222765 号

责任编辑：朱丽丽

中国商业出版社出版发行

010－63180647　www.c－cbook.com

（100053　北京广安门内报国寺 1 号）

新华书店经销

三河市宏图印务有限公司印刷

*

880 毫米×1230 毫米　32 开　6 印张　120 千字

2020 年 4 月第 1 版　　2020 年 4 月第 1 次印刷

定价：32.00 元

*　*　*　*

（如有印装质量问题可更换）

序

沟通是建立人际关系的桥梁，人和人之间少不了沟通。当今社会已经进入信息时代，生活的节奏也变得越来越快，而维系这种节奏的正是信息的有效传递。在信息传递的过程中，我们必然要与他人进行沟通，而良好的沟通可以使我们的情绪变得积极健康，可以拓展人脉关系，还可以促进分工协作。

在沟通中，人们会大量使用语言，语言可以描述细腻的情感，表达喜怒哀乐，还能分享知识。如果没有沟通，世界将变得死气沉沉，人类失去语言，将重回混沌与蒙昧。

善于沟通的人，懂得以人为本，说话办事富有人情味，在人际互动中本着平等、和谐的理念与人相处。一个家庭有了这样的人，生活会变得有滋有味。

善于沟通的人，能明确自己的目的，在工作中做好各种上传下达，能够更好地完成自己的工作，能节省花在沟通上的时间和精力，避免无效沟通，大大提高工作效率，进而增强团队凝聚力。

俗话说，“良言一句三冬暖，恶语伤人六月寒”。同样是沟通，效果却有着天壤之别。蕴含智慧的沟通，能使对方感受到尊重和理解，迅速拉近人们之间的距离，共同为这段关系贡献力量，实现互惠互利。良好的沟通还能减少误会与争执，传递良性情绪，有益身体健康。

本书深入详细地解读了各种说话的方式，沟通的技巧，希望你通过阅读，理解其中蕴含的智慧，掌握说话的诀窍，提升沟通力，使你在不同场合、不同情况下都能实现顺畅沟通，把话说好，说出精彩，迈向成功。

目录

Contents

第五章 利用逻辑规律进行辩论

第六章 发挥语言的魅力

第一章
巧言沟通有技巧

谈吐的重要性

现代生活流行的格调和时尚的本质出乎人们的意料。它不是过去人们想象的什么东西，而是每个人都有的“语言”。它现在已经成了一种财富，这是虚拟的、可以直接兑现的。

语言作为人类的财富，其价值首先体现在作为交流的工具上。对那些不善于使用语言、不懂得应该如何交流的人，他所持语言的价值就打了折扣。语言没有固定的角色。在“语言”的层面上，人是绝对自由的，没有年龄、性别、高低、贵贱之分。

语言的迷人之处不仅在于使用语言是一种交流的工具，还在于使用语言本身就具有快感，所以人们对绝妙口语的迷信和崇拜是不言而喻的。把握住语言这个财富，运用语言驾驭你的谈吐，会给你带来快乐和机会。

人们常常根据一个人的谈吐来决定一些事。譬如是否聘用你来公司工作，是否拥戴你做大家的领导，是否推举你做员工代表，它甚至能影响人们是否下决心购买你推销的商品，是否愿意邀请你到家中做客，并进一步和你交往。

即使你的思想像星星一样闪闪发光，即使你为公司出谋划策尽心竭力，即使你的头脑里充满了有关艺术、体育、地理、电脑等方面的知识，但这一切都无法使你越过语言障碍。除非你能说会道，文雅亲切地与人交谈、沟通，否则没有人会愿意听你说完你的见解。

语言出现障碍或表达能力欠缺，会使人低估你的思维和能力，甚至会导致关于你的流言蜚语无情地传播开来，进而歪曲你的形象。

语言障碍各种各样：有的像令人不满的外貌，需要以整形外科的手术矫正；有的只需要像改旧衣服一样略加修整；有的像一个松弛的腹部，要通过锻炼把它收紧；还有的象修理汽车一样，需要调换零件，或者像弹簧，要上一点油来润滑；还有一些人的语言问题则像小男孩的脏面孔，需要用热水肥皂使劲擦洗一番才行。

对于渴望在商业上获得成功的人，非常重要的是谈话时表现出的自信、用词准确和有说服力。商务人士首先要推销的就是自己，从应聘第一份工作的晤谈，到作为成功者发表演讲，在这漫长的征途中，必须不断地说服别人。如果你打算经商，那么你的言谈举止，包括容貌、声音，有时是决定你成功与否的关键。

准确地运用语言表现自我，就是我们常说的口才。有才干并有口才的人，他成功的概率将会更大。因为他的才干可以从言语谈吐之中充分地表露出来，使对方能更进一步地了解并且信任他，愿意对他委以重任。

有口才的人，他的人生将会更丰富多彩，因为他可以凭借自己驾驭谈吐的能力，给自己创造一个有利的环境，一片任由自己驰骋的天空。

懂得说话的方法

说话的方法可以决定人们彼此间的评价，以及洽谈事情的成功与否。因此可以说，不论你从事何种工作，与人说话的方法是促成事业成功的关键之一。

说话的内容固然相当重要，但是通过和别人的接触、联系，我们给别人留下的印象如何，别人对我们评价好坏与否，还是靠说话的方法而定。

我们都知道，同样的一件事情常有多种不同的表达方式，诸如它所表达的含义、措辞的微妙差异，以及说话时我们付出了多少热诚，等等，这些都是值得我们注意的。因此，在说话之前，我们应该先仔细考虑说话时应具备的态度，以及如何理顺自己的思路等问题，这并不是一件浪费时间而毫无意义的事情。

说话的方法同时也可以决定我们的表达效果，就是能否把该强调的重点明确地表达出来。有时候我们轻松自如地说话，能把重点强调出来；心平气和地说话，也一样能留给对方深刻的印象；有时甚至我们的态度看似保守和畏缩，却能充分地表达我们的意愿。这种种意料不到的结果，正是因为我们说话时的心情充分地表露在交谈之中。如果我们能够始终秉承真诚的态度与人交往，定能受到人们的依赖；反之，如果说话时喜欢装模作样、骄纵蛮横，别人一定认为你自命不凡、优越感太强；如果说话时话中带刺，具有强烈的攻击性，那么你一定会遭到别人的极端厌恶。

总之，一个善于与人和睦相处的人，必有高人一筹的沟通技巧，他的工作成绩也一定是优异的。看一看那些有所成就的人，几乎每一个都具备与人融洽相处的能力。也就是说，他们不论和谁说话，都能使对方专心一意地聆听，以至完全被他的人品和思想所吸引。说话要有清晰的脉络和条理，这个问题不容忽视。展现出这项特质，不但工作能力可以从中表现出来，其他的优点，诸如受教育程度、知识水准、业余爱好以及分析问题的能力，等等，也能从中一一显露。

懂得说话的方法，就能判断自己的想法是否合情合理，同时也能给别人留下一个深刻的印象。如此日积月累，自然能在人群中树立起良好的声誉，这和你事业的成败有着密不可分的关系。

花些时间去提高我们的讲话水平，思考如何充实我们的词汇量，如何增加词句的意思，如何使讲话准确清晰。坚持做下去，你会发现离你的目标越来越近。

学会表达

语言作为交流的工具，最讲究的就是有效地表达。无论你出于怎样的目的，都不希望话说出去没有效果，甚至适得其反。不论说话者是否有意识，说话一定要具有以下四个目的中的一个：引起听者行动；提供知识或讯息；引起共鸣、感动，获得理解；让听众感到快乐。

成功的交际，以及成功的演讲，要想取得感人的效果，大致来讲，应该是能认清自己的目的，以及知道达到目的的方法。有效地说话的方法有很多，可以概括为发自内心的真诚，出于真情实感，真实地表达自我，同时还能用心聆听，拉近与对方的距离。

向听众夸耀你的优越感，必然会遭到反感，而被冷眼相待。当你在别人面前发表言论时，你就仿佛是陈列在橱窗中的商品，各种优缺点都将一览无余地呈现在别人面前。若在演讲时，带了一点点的骄傲之心，都可能会带来不可估量的后果；你如果表现得很谦虚，或是表示自己将尽力而为的话，会比较容易赢得听众的好感和尊敬，从而达到你说话的目的。

建立自己的风格

有许多人往往喜欢模仿那些成功者的言行，想通过吸取别人的经验，来弥补自己的不足。但是把别人的言行和经验全部模仿过来，很有可能你由此落了个东施效颦的名声。

每一个人都应该树立自信心，否则就无法塑造自身的形象，或是建立属于自己的良好名声。

美国纽约铁路快速代理公司的副总经理金赛·N. 莫里特先生，曾提到一位在礼仪、性格、品德等各方面都比别人更有修养的人。这个人曾对莫里特说过这样的话："二十多年来，我接触过并且谈过话的人何止数千！但是，每一次我都以自己的本来面目和他们说话，我绝不模仿任何人。因此，我才能获得成功，我说的话才能最具有说服力。"

绝大多数成功的人，他们都是本着自己朴实的本性，在人生舞台上，表演着他们真实举止的自己，绝不刻意去模仿他人或假扮成别人。他们始终埋头工作，虚怀若谷不炫耀自己，像普通人一样诚实上进、虚心好学，绝不摆出一副大人物的架子。最重要的一点是，他们从不自以为是个天才，他们只需要一个最适合自己工作的场所，然后努力工作，使自己成为令人尊敬的人。

你知道有所成就的人，他们所恪守的法则是什么吗？简单来说有以下五点：

第一，态度自然。绝不玩弄过分勉强的技巧。

第二，言而有信。没有根据的话绝对不说，一诺千金，从而获得大家的信赖。

第三，说话简明扼要。只说自己想说的话，绝不添油加醋、故弄玄虚。

第四，处事公平。即使对方的意见和自己不一致，也应宽大为怀。

第五，运用机智，因时因地选择适当的语言。这样一来，尊敬你的人才会与日俱增。

用词要准确

在日常生活中，免不了会遇到需要我们说几句话的场合，这时候，如果话说得适当，就能使事情获得圆满的结果。

擅长说话的人，总是可以清晰地表达出自己的意愿，也能够把道理说得比较透彻、动听，使别人乐于接受。他还可以从谈话中立即判断出对方的意图，或从对方的谈话中得到启示。通过谈话，还能够增进彼此之间的了解，和对方建立良好的友谊。

我们常常看到一些不擅长说话的人，所遭遇的情形恰恰相反。他们说话不能完整地表达出自己的意图，即使对方费神去琢磨，却依然不能明白他话里的意思，这就使沟通出现了困难。

遇到有事情和别人洽谈，或有事情需要别人合作的时候，擅长说话的人，总可以很愉快地把事情谈成；而不会说话的人结果往往是不欢而散。那么说话时怎样做到清晰流利呢？

首先，要求你有正确的发音。对于每一个字，都必须发音准确、清楚。准确、清楚的发音，可以依靠平时的练习、注意别人的谈话、朗读书报、多听广播来达到。

其次，说话的时候，要使每一句话都明白易懂，避免用一些艰涩的词语。别以为用了这些词语，就显得自己有学问。其实，这样说话不但叫人听不懂，而且会弄巧成拙，引起别人对你的错觉和疑虑，或认为你故弄玄虚。

应该以大方、熟练和生动的语言来表达你的意思，使你说的话多彩多姿、扣人心弦。

再次，说话的速度不宜太快，也不宜太慢。说话太快会使对方来不及反应，而且自己也容易疲倦。有些人以为话说得快一些可以节省时间，却忘了说话的目的是使对方领悟你的意思。此外，不管是讲话的人，或者是听话的人，都必须动脑子思考，否则就不能确切地把握说话的内容。当然，说话太慢也是不可取的，既浪费时间，也使人听得不耐烦。

"信口开河"和"放连珠炮"都是不好的说话方式。"信口开河"并非表示你很会说话，相反，却证明你说话缺乏诚意，不真实不负责任。形容一件事或者一个人，都必须恰到好处。别以为夸大其词可以收到预期的效果，事实上，言过其实，必定会受人轻视。至于说话像"放连珠炮"，只会使人厌烦，例如你对众人演说，要注意自己演讲的内容是否每一个人都能听得清楚。

说话是将字词、句子组合起来变成声音。"话"的实体是字词本身。运用字有以下几个原则：

一、说话越简洁越好

有些人叙述一件事情，为了卖弄才华，极力修饰语句，用重复的形容词，或用西方语言特有的修辞手法，或穿插一些歇后语、俏皮话，甚至引用经典、名人语录。

然而即使他用了许多华丽的字词，也不一定能达到应有的效果，结果就是费了很大的劲儿，却使人不明白他在说什么，反而使人觉得这个人不踏实。

有些人在说话时，东拉西扯，缺少条理性和系统性，亦使人有不知所云的感觉。

如果你有上述的缺点，在说话时就要记住简明扼要的原则。在话未出口时，先在脑子里构思一个轮廓，然后再按次序一一说出来。

二、语句不要重复使用

说一句“为什么”就够了，而有些人却要反复说：“为什么？为什么？”答应别人一件事，说一两个“好”就足够了，但有些人却偏要说“好好好好……”。

其实这些重复的语句，在加强语气时或特殊情况下才用，一般都不必重复使用。

三、同样的名词不可用得太多

某人在解释月球上不可能有生命这一问题时，在几分钟内，把“从科学的观点上说”这句话用了二三十次。无论什么新颖的词，用多了就会失去它应有的价值。

第一个用花来比喻女人的人是最聪明的，但第二个再用这个比喻的人就显得俗套了。我们当然不必拘泥上面所说的，每说一件事都要创造一个新名词，但把一句话在同一时期反复拿来用，就会使人厌倦。

此外，相同的词不可同时来形容两个不同的事情。有一次，一位幼儿园老师说故事。说到某位公主，她说：“这公主是很美丽的。”说到太阳，她也说：“这太阳是很美丽的。”此外说到水池、小羊、草地、高山，也都用“很美丽的”来形容。结果小朋友们问她：“老师，到底哪一个是最美丽的？”她为什么不用“可爱的”“柔嫩的”“明亮的”等形容词来调和一下呢？这不是可以增加听者的兴趣吗？

四、要避免说口头禅的习惯

当某一句话成为你的口头禅时，你就很容易被它束缚住，以致无论你想说什么，也不管是否适用，都会脱口而出。这习惯很容易被人取笑。你或许爱说“岂有此理”“绝对的”“没问题”，如果这些和你说的话毫无关系，还是尽量避免吧！

五、不说不合适的字眼

古谚道：“字为文章的衣冠。”现在我们说：“言语为个人学问和品德的衣冠。”相信这么说没有什么不妥吧。

有些人道貌岸然，雍容华贵，但是不开口还好，一开口则满口粗俗话，甚至一些不雅的下流话也出了口，使人听了作呕，敬慕之心，也会顿然消失。

你可以用幽默的话来表现你的聪明、活泼和风趣，但不可以用低俗的话来表现。一句不合适的话，会使别人觉得你鄙劣、轻佻和无知。

粗俗的字句不可用，同样太深奥的学术用语也不可多用，除非你是一个学者讨论学术问题。滥用学术用语，听不懂的人不知你在说些什么，而且会以为你有意在他面前夸耀你的才华；听得懂的人则觉得你轻浮浅薄。

在不知对方的文化程度时，用什么字眼也要小心。有些人不管对方懂不懂，就随便在话中夹入外国语和外来语，这也是要多加注意的。

注意说话的时机

在适当的时间里，利用有限的几个语句，充分地表达自己完整的意愿，就可以称之为把握住了谈话的时机。

许多人有一个通病，即把自己要说的一切话题，一股脑地全部谈完，等到再需要他开口的时候，他已无话可说了。这种现象，不论是在普通会话或正式演说场合中，都是应该引起我们重视的。

一个拥有高明说话技巧的人，应该能够很快地发现听众所感兴趣的话题，同时能够把话题说得恰到好处。也就是说他能把听众想要听的事情，在他们想要听的时间之内，以适当的方式说出来，这才是一种真正的才能。这种说话懂得审时度势的人，即便在遭遇突变、受到阻碍时，也能转危为安，因祸得福。

说话时机的适当与否，多少是有迹象能显示出来的。比如当你要去拜见某位要员时，最好是确定在对方乐于接见你的时候去。有的推销员认为，在一定的季节或星期几去拜访顾客，必能获得成功，他们确信那是向对方提出话题的最好时机。再比如说，我们要寻找适当的时机向上司反映问题，诸如办公家具不够，或劝其购买新的设备等。如果上司对目前的安排都已心满意足，就不可再向他提出新的建议。

换言之，即使你有新的设想，也必须稍做等待，等上司冷静一段时间再说。这种做法并不是劝你“不要说出来”，而是劝你在不适当的时机“什么都不要说”。

如果有一个人，家里在办丧事，该人正处于无限悲痛之中，你就不能以命令的口吻叫他去做这个，或是做那个。如果某个工厂的老板因为使用新技术没有获得成功，正在无限懊恼的时候，最好不要再毫无保留地去评论这个新技术，必须等对方后悔之情变淡以后，再去说明其中原因。如果公司在竞争中处于下风，而你还反复不停地议论参加这次竞争的不明智，那真是愚蠢至极的行为。寻找良好的说话时机，需要你辨别一切不利的因素。

著名的财政顾问罗生·W. 伯布逊先生曾说过：“把握适当时机说话的问题相当重要。首先我们必须看清楚有希望的顾客，是否真的具有认购的意愿。如果你忽略了对方的问题，而大谈自己的问题，那么说明你根本没有把握住重点。譬如我个人过去每次推销产品时，都一再强调，这种产品是如何有助于他解决目前的问题。所以你始终要恪守的原则就是不要谈论自己的意见。”

如果你是一名推销员，当你面对顾客时，必定能够体会到如何把握良好时机的秘诀，也必定能够了解如何引起对方的兴趣，如何使对方认清自己所提出的有利地方和特点。同时你也知道，如果要使这笔生意在一次沟通中能签订合同，你该在什么时机说什么话。如果你是从事广告业务的，那么你一定要知道什么时机适合做何种商品或服务性的广告。如果你是一位从事企业内部培训的工作人员，当你训练新员工时，就必须了解何时适合进行这种职前教育。

参加聚会或各种集会必须发言时，需要特别注意时间问题。从开始说话到结束话题，不论任何段落，控制说话的时间都是相当重要的。即使平常我们写一封信，把它当作广告或直接投递的推销信，也必须注意发函时间，因为对方收到资料的时间与我们的目的有着重要的关系。不要忘记，时间是一切行动的指针，这和掌握良好时机一样重要，都是工作中必须考虑的要素。

举例来说吧，在足球比赛中，当球员逼近对方大门时，必须把握时机起脚射门。如果稍一犹豫，对方后卫就可能上来抢断，那么绝好的机会就消失了。

再拿拳击比赛来说，如果选手只是一味地胡乱挥拳，又怎么能击中对方呢？有些选手会先离开对方一定距离，再来一记勾拳，就可能使对方招架不住而倒地。这些都是运用良好时机的典型例子。

很多人都不懂得全力以赴地把握时机，以致造成终生遗憾。说起来，掌握时机似乎是一种天生直觉，但它和经验一样，也是可以磨炼出来的。不论是在运动场上、商场里以及其他事业上，适当地把握时机都是迈向成功之途不可缺少的要素。

利用沉默表态

如果能利用沉默来表明你的态度，在某些时候是很有效的。当我们要说明某一事情时，并非一定要用语言来表示，有时利用一瞬间的耸耸肩膀、使个眼神和弄响手指等，也能够适当而准确地表示出来。

哈巴特·V. 布鲁克那先生在其所著的《如何培养说话技巧》一书中强调：一个卓越的演说家，不只是发音动听就行了，同时还要用他的整个身体、精神和人品来说话。当你要把自己深感兴趣的思想传达给别人，使别人对它产生印象，进而接受这种思想，但是单靠声音来传达对方还是有模糊不清的时候，这时可以借助无言的沉默来增加形象的表达力。所谓无言的表现，是以含有表现力的表情、姿势和动作来传达意思。真正擅长言辞的人，经常都会借助这些表现手法的。

学会结束话题

很多人说话时最糟糕的情形是，沉溺于自己的谈话中，而不知如何结束话题或做一个结论。他们讲起话来，就像打开了水龙头，让水一直流个不停。

许多人讲得精疲力竭，仍然继续说个不停。他们只热衷于自己的话题，每次一开口就不知道适可而止，这一类喜欢长篇大论的人，不但不受人欢迎，而且惹人厌烦。如果我们一次只谈一个话题，并以此问题征求对方的意见，进一步请求对方阐明对这一问题的看法，这样一定能赢得对方的欢心，而你自己也达到了说话的目的。这种说话的态度，不但给予对方发表意见的机会，同时也使自己能专心倾听对方所说的每一句话。要知道，一个善于听话，而且能让对方有说话机会的人，才能受到众人的爱戴与欢迎。

找到谈话的突破口

在交际场上互通姓名之后，接下来第一句话是很不容易开口的。因为你不熟悉对方，不知道他的性格、嗜好和品行。受时间的限制，也不容许你多作了解和考虑，同时又不能冒昧地提出特殊话题。

“今天天气……”这句话常被运用，但除了在甲板上或是沙滩上散步时值得一试，在别的场合说这句话会使人感到敷衍，而且缺乏内容，不能引起对方的兴趣。这时，你可以就地取材。

何谓就地取材？那就是按照当时的环境而觅取话题。如果相遇的地点是朋友家中，或是在朋友的喜宴上，那么对方和主人的关系可以作为第一句的话题。

“先生（小姐）和某先生大概是同学吧？”或者说：“阁下和某先生是同事？”

如此一来，无论问得对不对，总会引起对方的话题。问得对，可以依原题急转直下，猜得不对，根据对方的解释又可顺水推舟，找到突破口畅谈下去。

“今天的客人真不少！”这虽是老套，但却可以引起其他的话题。

“这礼堂布置得很不错！”赞美一样东西常常是最稳当得体的开始。如果是夏季湖边的游园会，则可以说：“湖边的杜鹃花开得很好看，颜色真艳丽，先生（小姐）去看了没有？”或者说：“热天在园里喝茶，实在太舒服了……”等等。具体有哪些做法，我们来了解一下。

一、拓展话题的领域

开始第一句话要注意的是使人人都能了解，人人都能发表看法，由此再探出对方的兴趣和爱好，拓展谈话的领域。如果指着一件雕刻说："真像某某的作品!"或是听见鸟唱就说："很有门德尔松音乐的风格。"除非知道对方是内行，否则不仅不能讨好，而且会在背后挨骂的。

如果不知道对方的职业，就不可胡乱问他。因为社会上免不了有人会失业，贸然提问可能会问到别人的隐私，这对自尊心很强的人来说是不太好的。如果你想开拓谈话的领域，希望知道他的职业，只能用试探他的方法："先生常常去游泳吗?"如果他说"不"，你就可以问他是否很忙，"每天上哪儿消遣最多呢"?接下去探出他是否有固定工作。如果他回答"是"，你便可加上一句，问他平时什么时候去游泳，从而判断他有无职业。如果他说是星期天或每天下午五时以后去，那无疑是有固定工作。

确定了别人有工作，才可问他的职业，这样就可以谈他的工作范围内的事情。如果不知对方有没有职业，或确知对方为失业者，那么还是谈别的话题为佳。

二、使对方话语滔滔不绝

你如具有一定的常识，那么即使你没有各种专长的学问，也足以应付各式各样的人了。因为你虽然不能应答如流，但你总该能提出问题。

问话是使对方开口的良策。

假如对方是医生，你对医学是门外汉，你就可以用"问"的方法来打开局面。"近年感冒又开始流行了，贵院大概又要忙一阵子了吧?"一句和时令或新闻有关，同时又贴近对方工作的话题，是最得体的问题。这样一来，对方的金口就开了。由此可以打开话匣，从感冒的症状谈到气候，谈到药和补品……从而一直引他谈下去。

遇到做生意的人，你可以问他近来生意如何，哪些东西好卖；遇到教师则问他学校的情况，学生的素质和倾向。总之，问话是打开对方话匣的最好方法。

问话时要注意的是问对方在行的问题。如果你不能确定对方是否内行，那么就以不问为佳。譬如问一个警员"三年本市发生的车祸有多少起?”这是一般人不容易记清的事，要是对方回答“不太清楚”，这样就使回答者有失体面，而且双方都感到没趣，这样就不能一击而中，使对方话语滔滔如决堤。

其次，关于政治见解不宜问，除非对方是一位政治家或权威人物，他会愿意和人交流政治观点。因为普通人的政见有很大的差异，彼此都不知道对方的观点。聪明的人一般不会开诚布公地回答这种问题，所以最好还是不问为佳。

三、适可而止地问话

有些问题，当你得不到满意的答复时，是可以继续问下去的，但有一些问题就不宜再问。

比方说你问对方住在哪里，他如果只说地区而不说具体地址，你就不宜再问。如果他愿意让你知道的话，他一定会自动详细说明的，也许还会邀请你去坐坐；否则便是不想让别人知道，你也不必再追问了。举一反三，其他诸如此类的问题，如年龄、收入等也一样不宜追问，以免引起对方不快。

不可问对方同行的营业情况。同行相忌，这是一般人的心理。因为他回答你时，若不是过于谦逊而对其同行进行赞扬，便是恶意的诋毁。在一个人面前提及另外一个和他站在对立地位的人或事总是不明智的。

此外，在日常交际中要知道的是：一般来说，不宜问及别人衣饰的价钱；不宜问女子的年龄；不宜问别人的收入；不宜详问别人的家世；不宜问别人用钱的方法；不宜问别人工作的秘密，如化学品之制造方法，等等。

凡别人不知道或不愿意让人知道的事情都应避免询问。问话的目的在于引起双方的兴趣，而不是使任何一方没趣。能令答者感兴趣，同时也能增加你的见闻，是使用问话这一技巧的本领。

一位社交家说：“倘若我不能在任何一个见面的人那里学到一点东西，那就是我处世的失败。”

这句话很发人深省，因为虚怀若谷的人，往往是受人欢迎的。问话不仅能打开对方的话匣，而且也可以从中增益学问。

四、应付沉默寡言者

现在我们再来研究怎样应付那种沉默寡言的人。

这种人常常在客厅的一个角落里，落落寡合。偶然听见别人的笑声时，也照例跟着一笑，但这一笑显然是敷衍的，因为笑声随即收敛，他的目光很快就移到室外墙壁上的一幅字画上去了。

这是较难应付的一种人。虽然这种人绝对不会单独来找你，但若在别人家里遇见，或在一次宴会里刚巧坐在你的身旁，那么你就不能不想个办法了。

为什么这种人看来如此落落寡合呢？分析起来，大概有两种可能的原因。

第一，他可能是在座人中年纪较大的或较小的；或者学问较高，而同时在座的其他人则比较市侩，谈天说地，问题无非是饮食男女，或出语俚俗，言不及义，使较有修养的人望而却步，所以他们才独自躲在一边。只要你知道症结所在，是不难应付的。你可以在几句谈话中探得他的学问与兴趣如何，然后再和他谈论下去。只要你学会怎样询问，就可以得到一个丰富你学问的机会。他见你谈吐不俗，也会把你当成知己，这样一来，僵局就打开了。

至于年纪较大或较小的一种，也许是因爱好不同和兴味不相投，上面的方法，原则上可以应用。

第二，还有一种人，他们沉默寡言的原因是因为他们的思想并非特别高超，只不过生来古怪，与人难合。你和他谈上几句，了解了这类原因后，就可以采取激将方法去攻破他。

“某某球员近来更不行！”比方你了解到他对篮球有兴趣，这一句话是很好的挑战方法，因为十个球迷有九个拥护这名球员，你这么一说，他必不肯甘休。你当然要在后来表示屈服，不过在战略上你已经胜利了。

这种激将法同样可用在那些学问渊博但生性古怪的学者身上。

在任何场合，遇到任何人物，谈话的方法应该是了然于胸的，以备随机应变。激将法是各种方法中可以应急的一种，这里不过略举一例，希望你能仔细了解加以研究，并灵活地加以应用。

五、保持新颖的题材

你必须记住，话是说给对方听的，而不是说给你自己听的。因此，说话不能仅图自己痛快，还必须顾全到对方的兴趣，要为听者着想。

首先，你必须探出对方的兴趣（照例用几个回合的对答就应该能探出来），然后选其感兴趣的话题谈下去。别人愿意听你的谈话，大概是因为你有某一种值得听的话题或观点，或是你刚从某地旅行回来，或因你的事业成功的经验值得重视，或因你知道了一些特殊的新闻，或因你对于某一个问题具有独特的见解……所以才愿意耐心地听你谈下去。所探出他兴趣的焦点，就可以围绕这一焦点一直谈下去。但有一点值得注意，即使是一个很好的话题，说的时候也要适可而止，不可拖延太久，否则会令人感到厌倦。说完一个话题之后若不能逗引对方发言，而又必须由你支撑局面时，你就要另找新鲜话题，这样才能把对方的兴趣引导出来。

其次，就是在谈话中，虽然发言权为你所操纵，但你必须时常找机会诱导对方说说话。当说到某一个问题时，可征求他对这个问题的看法，或在适当的时机请他叙述他的经验，务使对方不致呆呆地听，才不失为一个善于说话的人。

最后，话题转了两三次，而对方仍没有将发言权接过去的意思，或没有作主动发言的打算，在这个时候，你应该设法把这一谈话结束，即使你感觉还好，也应让别人休息了。

自己包办了大半的发言机会，是不得已而为之的方法。如果你不管别人是否爱听你的谈话，或不管别人有无兴趣，只一个劲儿地说下去，那就违背谈话艺术之道了。

六、道人之短，即己之短

世间没有完人，凡人皆有他的短处，也必有他的长处。在与人谈话中，你要尽量避免谈论别人的短处；否则不仅使别人的声望受损害，而且也足以表明你为人的卑鄙。

第一，不可在谈话中借机刺探别人的隐私；

第二，不可仅知道别人的一点点短处便逢人宣扬。

宇宙之大，谈话的题材取之不尽，用之不竭，何必一定要把别人的短处当作话题？你所知道的关于别人的事情不一定可靠，也许另外还有许多隐衷非你所详悉。若贸然拿你所听到的片面之言宣扬出去，纵然不亚于颠倒是非、混淆黑白，但说出去的话收不回来，当事后完全了解真相时，你还能更正吗？

“王某借了李某的钱不肯还，这真是岂有此理！”昨天你对一个朋友说，这是从李某那里听来的，他当然把自己说得条条在理。人总是觉得自己是对的，你明白了人的这一弱点，就不会轻易诋毁王某。因为你若有机会见到王某，他也会告诉你，他虽向李某借了一笔钱，但有一张房契押在李某手里，因房租跌价，到期款未清还，只好延长押期。而李某则急于拿回现款，王某一则无法立即清付，再则借据上写着若房租因环境关系而减租时，可以延长押期，至李某将该款全数收回为止，所以不能说他是赖债。由此看来，双方皆有道理。人与人的种种关系大半如此复杂，你若不知内情，就不宜胡说乱道。

社会上有一种人，专好推波助澜，把别人的是非编得有声有色，夸大其词，逢人便说。世间不知有多少悲剧由此而生。你虽不是这种人，但偶然谈论别人的短处，也许无意中就种下了恶果。而这种恶果滋长的后果，是你所料想不到的。

请你为自己定下一条戒律，除了颂扬别人的美德以外，永不在背后议论别人的短处。否则你将污了自己的人格，永远找不到一个愿意和你亲近的朋友。

要是别人向你说某人短处的时候，你唯一的办法是听了就算。别人告诉你秘密之后，你应该缄默不语，不可做传声筒。并且不要深信这片面之词，更不要记在心上。

同谈论别人的短处一样，不可就片面的观察便在背后批评别人，除非这是善意的批评。说坏人的好处，别人听了最多认为你是无知；把一个好人说坏了，人们就会认为你居心不良了。

七、开玩笑要有分寸

熟悉的朋友聚在一起时，大家不免开开玩笑，互相取乐。说话不受拘束，原是人生一件快事。不过凡事有利也有弊，乐极生悲，因开玩笑而使朋友不欢而散的事是常有的。有些人就由此生疑，是否在口才艺术中开玩笑之事应列为禁例？

这是大可不必的，如果在相识的朋友面前连开玩笑的话都不能说，那么人生在世，真是乏味至极了。我们必须注意的，只是怎样避免因开玩笑而产生的不良影响。

开玩笑之前，先要注意你所选择的对象是否能受得起你的玩笑。一般人大概可分为三类：第一类为狡黠聪明，第二类为敦厚诚实，第三类为介于上例两种之间。对第一类人，即狡黠聪明的人开玩笑，他不会让你占便宜的，结果是旗鼓相当，不分上下。第二类即敦厚诚实者，则无还手之功，亦无抵抗之力。这种人所见于外表的，不是一本正经就是无可无不可的，任你如何取笑他，他脾气绝好，不会动气。对于介于两者之间的那种人，应付时最要小心。这种人大概也爱和人说说笑笑，但一经别人取笑时，既无立刻还击的聪明才智，又无接纳别人玩笑的度量，结果男的容易恼羞成怒，大家不欢；女的则独自躲在床上痛哭一场，说是受人欺侮。所以开玩笑前先了解对方，然后再去做最为妥当。

其次，开玩笑要适可而止。普通开开玩笑，一两句话说过便罢，这样绝大部分的人都是可以接受的。如果你专对一个人不停地大开玩笑，则绝大多数人是不能忍受的。

一般来说，开玩笑本来无所谓顾虑到对方的尊严。但如果使对方太难堪了，那就失去了开玩笑的意义。你笑你的同学考试不及格，你笑你的朋友怕老婆，你笑你的亲戚做生意因上了别人的当而亏了本，你笑你的同伴在走路时跌了一跤……本来这些都是应该抱以同情的，你却拿来取笑别人，不仅使对方难以下台，而且表现出你的冷酷无情。同样地，不可拿别人生理上的缺陷来做你开玩笑的题材，如对眼、麻子、跛足、驼背，等等，这些都属于一个人的不幸，你应该对其怜悯而不是取笑。

不可使开玩笑成为你的谈话习惯。除了开玩笑就不会说别的，这只能表示你的浅薄。故意在别人的苦恼上开玩笑的人，一定是个无情的人。

如果你怕不小心伤害别人的情感，而宁愿竭力避免开玩笑时，你可以把你的聪明才智移植在幽默上。诙谐而不下流，且颇具风趣的语句，能使人快乐，更会发人深思。这种智慧型的幽默，是玩笑谈话中最上乘的，在不伤害别人的同时，使大家开心。如果你能诚心诚意地这样做，你一定可以获得更多人的信赖、更多人的钦佩，并将会获得更多的朋友。

八、戏谑也要本领

人的生活不能过分严肃，精神是有张有弛的，情绪总是紧绷着，生活就缺少情趣。时常与人说笑，说些诙谐话，这是调节精神的好方法之一。

说说笑笑并非是一件容易的事情。你要说笑，如果自己说，自己听，自己发笑，人们就会说你傻笑。可以几个人一起，即景生情，随时找出一些可笑的话题。

但是，问题就在这里，一般的说笑，往往以谈话中的某个人做对象，利用他的缺点，编成一个笑话。如果对方与你交情很深，彼此间无所不谈，那么你拿他开玩笑，也许不会发生误会；如果彼此之间是泛泛之交，那么你拿他开玩笑，他往往认为你是恶意的，心里难免有些不愉快。即使彼此交情很深，可是对方气量狭小，那么你开玩笑他也会不太高兴的。

说笑要有分寸，在分寸以内，大家欢笑；如果过分了，便会引起不必要的麻烦。所谓有分寸，本来并没有明确的标准，主要是要顾及对方心理上的承受能力。古人云："善戏谑兮，不为虐兮。"谑而不虐才是善谑，谑而至虐就是不善谑，虐是分寸的分水岭。什么叫作虐？就是你的说笑太过分，对方不能承受，并发生不愉快的反应。

开玩笑的资料，最好不要从交谈者当中去找，而应该从其他方面去找资料。比如就眼前的某些事物作为说笑的话题，丝毫不牵涉到聚在一起的人。你还可以就最近发生的社会奇闻作为说笑的资料，或者无中生有，临时编造一个笑话。

笑话的内容必须因人而异，面对有地位、有身份、有学问的人，说一些庸俗的笑话，会显出你的鄙陋。面对普通的人，你说一些高雅的笑话，他们不一定能领悟，不会觉得好笑。可见说笑话也不是一件容易的事！

你说笑话时，还要注意对象中有没有女士在座，最好不要说一些关于男女方面的笑话；否则男的捧腹大笑，而女的却面起红云，深感羞耻，嘴里虽不说什么，心里却在骂你下流呢！

九、说笑的最高境界

说笑的最高境界就是能够用巧妙的语句，化陈腐为新奇，虽然轻描淡写，却已感到兴味淋漓，这就是幽默式的说笑法；其次是利用滑稽的语言、滑稽的表情，讲一个轻松的寓言，这是戏剧式的说笑法；再次，引用几件相反的事例做一个对照，显出其中可笑的矛盾，这是讽刺式的说笑法；最后，把一件事实绘声绘色、尽量粗俗、不知忌讳地说出来，这是小丑式的说笑法。

至于揭露他人的隐私，任意攻击对方，以图一快，这不是说笑；针对一件事或一个人，冷嘲热讽，无所不及，这更不是说笑。说笑一定要无损他人，并且有益于他人。

你应该说笑，但不应该随便说笑。你说笑，先得学习说笑的技巧，研究说笑的方式。在不会说笑之前，还是先听听别人如何说笑，做个听众，不要做说客。“未能登车而射猎，其伤实多。”因说笑不当而损害友情的事例很多，在此不一一列举。

机智与幽默

有人说过：“人们有着一颗快乐的心，胜于任何灵丹妙药，可以治疗心理上的百病。”

机智和幽默如果运用得当，是可以给人们带来欢乐，并在危急的时刻化险为夷的。

机智是以智力为基础的。我们凭着机智可以把通常不相关的事情，巧妙地联系在一起。我们还可以运用机智在文句上搬弄花样，但是不一定会使人发笑。

至于幽默，和机智是不相同的。幽默，并不是字眼方面的玄虚，而是得体的自我玩笑。譬如，一个人头上戴着呢帽，鼻上架着眼镜，走起路来神气活现，不料正在自鸣得意的时候，脚底下踩了一块西瓜皮，一滑倒，两脚朝天。这样的事情当然是可笑的，因为他本来的威风和跌倒后的狼狈样正好形成了一个对比，如果他站起身开自己一个玩笑，就称得上是幽默。反过来说，他如果是个衣衫褴褛的穷人，一副可怜样，跌倒就不会引起人们发笑，因为那像是在嘲笑人。

幽默与机智，在交际上可以显示出你的聪明才智，也可以引起别人的兴趣，并可以缓和紧张的气氛，使大家快乐。

用机智和幽默去鼓起他人的兴致，别人对你将会十分感激。你说的一句笑话可以像一缕阳光驱散重重的乌云，一切怀疑、郁闷、恐惧都会在一句恰当的笑话中烟消云散。

一、名家的幽默

机智运用得法，可以使一个敌对的人哑口无言，也许还可以解除尴尬的局面，赢得别人的鼓掌喝彩。

这里举一则有名的笑话，足以看出幽默大师马克·吐温的机智。

马克·吐温去拜访法国名人波盖，波盖取笑美国的历史太短：“美国人无事的时候，往往爱想念他的祖先，可是一想到他的祖父那一代，便不得不停止了。”马克·吐温以充满诙谐的语句说：“当法国人无事的时候，总是尽力想找出究竟谁是他的父亲。”

这一类的机智是十分敏感的，不是一般人都会运用，因为它可以把一粒火星煽动成白炽的怒焰。你和对方争辩的结果，不是你全面胜利，就是一败涂地。所以，除非是必要的时候，不要随便拿出来尝试。

幽默是有区别的，有些是文雅的，有些则暗藏杀机；有些是高尚的，而有些则是庸俗的。庸俗的幽默如同讥笑，往往一句普通的讥讽便会使人当场丢脸，反目不悦。所以，说幽默话应当选择高尚的、文明的才对。

一味地说俏皮话，无节制地幽默，其结果反而变得不幽默。譬如，你把一个笑话反复讲了三遍、五遍，起初人家还以为你很风趣，到后来听厌了便不会觉得有趣。

如果你想使别人对你保有端庄高雅的印象，那么你就要避免说幽默话。说幽默话时要注意自己的身份、场合和对象，有时可以说，而有时却不能说。

说笑也要注意，有时也会使人感到不高兴的。其原因是说的不是地方和时间不恰当。譬如大家聚精会神地在研究一个问题，而你忽然插进一句毫无关系的笑话，这不但不引人发笑，也许还会自讨没趣。

如果你的幽默含有批评的意味，或带有恶意的攻击，那么，这些话你还是不说为好。

二、幽默有感觉

和他人建立人际关系，为防止相互之间的关系恶化，应与别人保持适当的距离，且以温和的态度对待他人。在这个意义上，当谈话或讨论无法顺利进行时，幽默感实在是打破僵局的最佳利器。

尤其是和女性交谈时，幽默感更不可缺少。一个风趣的男子，会比道貌岸然的男子更能讨女性的欢心。

一个女孩子在赴约的时候迟到了，如果你是她的男友，你会怎么说?

她说："对不起，因路上车堵，所以……"

他说："哦，没关系，我刚才正好看完《约会成功法》这本书，书上说，女朋友迟到正是考验自己耐性的大好机会。"

当然，他并没有看任何书，只是适当地找些话，让对方会心一笑而已。这样一来，他的女友自然会觉得不好意思，并设法来表示歉意。此时，如果拿出绅士的姿态来面对迟到的女友，其效果反而不如幽默的对白。具有幽默感，且能以温和的方式适时指正别人的人，必定到处受到欢迎。

一般而言，中国人较欠缺幽默感。而欧美等国的人由于生活上的需要，必须与陌生人建立人际关系，因此大多数人都具有幽默感。如今的社会已不同以往了，幽默感正是人与人之间沟通的生活智慧。

幽默感可以通过训练得到，只要有心让会谈在愉快的气氛中进行，任何事物都可拿来"借题发挥"。

A："哟！是什么风把你吹来的？瞧你居然还买得起这么好的

皮鞋！”

B：“不得已啊！我怕会‘露出马脚’。”

要制造谈话的机会，幽默感也是绝不可缺少的。但贸然向他人搭讪，会使人觉得紧张不安。

如果有一天，你突然对一位女同事说：“张小姐，你今天好漂亮哦！”由于突然听你这么说，对方必定会满腹狐疑地认为你“话中有话”。

那么，你不妨改用以下的说法试试。“张小姐，一看到你，我就想起我家院子里的花，我觉得今天的花开得特别娇艳。有人说女性是‘办公室之花’，然而，像你这么能干的‘花’实在不多见。”

即使是赞美别人，也要有幽默感，否则对方会感觉有心理负担。譬如，赞美自己所深爱的人，与其赞美，不如来点轻松幽默的告白。如果对方期待你的赞美有新意，而你却以极不幽默的口气夸奖、赞美对方，只会让对方觉得你是个不懂情调的人而已。

学会拒绝

如果你在工作时间，或是在你正想休息一下的时候，却有一个人前来缠住你，唠叨不休地向你借钱，要求给他谋一份职业，请你帮他一个忙；一定要你答应他的要求，或者购买他的产品……但是你无法满足他的要求时，有没有办法避免这些多余的困扰呢？这就要看你有没有婉言拒绝的本事了。

拒绝别人也是有讲究的。拒绝得法，对方便心甘情愿；如果拒绝不得法，会使人感到不满，甚至对你怀恨在心。

现在我们来研究一下拒绝的艺术。

一位朋友曾说过这样的事：

“近来有许多推销员登门入室兜售物品。这些人口齿伶俐，纠缠不休，一个个都有一套让你非买他的东西不可的本事。我对这种人实在是应付不了。”

“你可以拒绝呀！”另一位朋友对他说。

“拒绝也不是一件容易的事啊!”他说,“那些推销员根本不把你的拒绝放在眼里。他们有一套钓起你兴趣的方法,吸引你注意,挑动你的购买欲望,使你最终买下他的东西。许多人因为不知道如何拒绝而买下他的东西。”

这位朋友的话也许夸张了一些。一般来说,你如果被那些推销员困扰,坚决说一个“不”字,他们是毫无办法的,这难道不是个简单的办法吗?

事实和我们想象的总会有些不同,虽然你硬着头皮说个“不”字,有时也会出现你意想不到的结果。

有一次,一家保险公司的所谓“外勤员”到一位编辑的办公室来谈销售生意,整整谈了一个上午,这位编辑始终用一个“不”字来拒绝,结果那位“外勤员”只好怏怏退出了。

几天之后,编辑的同事来告诉他,一个胖胖的年轻人在外面破坏他名声。这位编辑非常惊奇,因为他自认在工作中或工作以外并没有得罪人。直到同事说那个年轻人的下巴上有颗痣,编辑这才恍然大悟,原来是那天被他拒绝的那个“外勤员”。

拒绝人家不得方法,实在会带来很多麻烦。例如一个素行不良的朋友来向你借钱,你明知道把钱借给他就像肉包子打狗一样有去无回;一个相识的商人向你推销商品,你明知买下了就会亏本……诸如此类的事你必定加以拒绝。可是拒绝之后,就有可能断绝交情,引人恶感,被人误会,甚至埋下仇恨的祸根。

要避免这种事情发生,唯一的方法是要运用聪明智慧巧妙拒绝。学习这种拒绝的方法要注意下列几项原则:

你应该向对方解释拒绝的理由。

拒绝的言辞最好用坚决果断的暗示,不可含混不清。

不要把责任全推到对方身上。

注意不伤害他的自尊心。

让对方明白你的拒绝是万不得已,并表示抱歉。

有时为了拒绝别人,我们会含糊其词地去推托:“对不起,这件事情我实在不能决定,我必须去问问我的父母。”或者是:“让我和孩子商量商量，决定了再答复你吧。”

但是，这种方法太不干脆了。有些人可能认为这是拒绝的好办法，既不伤害朋友的感情，又可以使朋友体谅你的难处。但这种敷衍会使对方再三来纠缠你。当他终于发觉这是你的拒绝，以前的话全是敷衍、骗人的推托之词时，不但他心生怨恨，而且也暴露了你致命的弱点：懦弱和虚伪。

如果换一种情况，你的上司或主管就一项措施征求你的意见时，你出于责任的缘故，必须表明你是反对还是赞成，你又该怎么办呢？

让我们来举一个例子：

美国一家贸易公司的经理设计了一个商标，开会征求各部门的意见。

经理报告说：“这个商标的主题是旭日，象征希望和光明。同时，这个旭日很像日本的国旗，日本人看了一定会购买我们的产品的。”

尽管他征求各部门主任的意见。营业部主任和广告部主任都极力恭维经理构思的高明。最后轮到代理出口部主任的青年职员发表意见时，他说：“我不同意这个商标。”全室的人都瞪大了眼睛看着他。

“怎么？你不喜欢这个设计？”经理吃惊地问他。

“我是不喜欢这个商标。”年轻人直率地回答。其实从艺术的观点来说，这位年轻人的确有点讨厌那个红圈圈，他明白和经理辩论审美观是得不到什么效果的，所以他只是说，‘我恐怕它太好了。”

经理笑了起来，说：“这倒使我不懂了，你解释一下看看。”

“这个设计风格鲜明、生动自然是毫无疑问的，又因为与日本的国旗相似，无论哪个日本人都会喜欢的。”

“是啊，我的意思正是如此，这我刚才已经说过了。”经理有些不耐烦地说。

“然而，我们在远东还有一个重要市场，那就是华人市场，如中国及东南亚国家，这些国家和地区的人们看这个商标，也会想到日本的国旗。尽管日本人喜欢这个商标，但是由于历史的原因，这些国家和地区的人们就不一定喜欢，甚至可能产生反感。这就是说，他们不愿意买我们的产品，这不是因小失大了吗？照本公司的营业计划，是要扩大对中国和东南亚国家及地区贸易的，但用这样一个商标，结果是可想而知的。”

“天啊！我怎么没有想到这一点，你的想法对极了！”经理几乎叫了起来。

这位年轻人如果也是和其他人一样对经理唯命是从，让旭日做成商标主题，将来产品推销到远东之后，生意冷清，存货退回，那时即使意识到其原因是商标问题，也无可挽回了。而代表出口部出席那次会议的青年职员能推卸责任吗?

要向一位有权威的人表示反对意见或拒绝，你必须要有充分的理由，更要说得使他完全信服。因此，技巧的运用不能不讲究。上述例子中，那位青年一句“我恐怕它太好了”的恭维话，先满足了经理的自尊心，同时也不会使他产生不悦。然后，他再陈述充分的理由，经理也就不会因此而觉得难堪了。

记住：最好的拒绝方式是，不要损伤了他人的自尊心，不要使他人感到低你一截。

良药未必苦口　忠言未必逆耳

有时候，你对家人、对朋友，觉得有许多话不得不说。可是说了，反而把感情伤害了，把事情弄糟了。于是你就引用一句中国古话替自己解释，说什么“良药苦口，忠言逆耳”。

其实，良药未必苦口，忠言也未必逆耳。把良药制得苦口，以致病人怕吃，这是医学不发达的现象；把忠言说得逆耳，以致别人不能接受，这是说话的人对口才不加研究的结果。

我们都有这样的感受，我们并不是不愿听别人的批评，也不是不能接受批评，有时，我们还真希望有人来指点指点，或者是请教别人。

我们做了事情，说了话，写了文章，自己不放心，不敢下判断，这时候我们何尝不希望有人出来告诉我们哪点好，哪点不好。有的时候，我们会遇到一个人，或是朋友，或是同事，或是家人。他们能够忠实地、大胆地指出我们的许多错误，正因为如此，我们就敬佩他、感激他，甚至永世不忘。

可是为什么也有些批评和忠告我们不爱听，我们听了就难受、就气愤，甚至感到自己的自尊心、自信心都受到了损伤？我们还会感到受了委屈、诬蔑或者侮辱。

我们觉得自己并不是不欢迎批评、不接受批评的人，然而，我们又被人指责，说我们不欢迎批评、不接受批评。

当我们年纪渐渐地大了一点，经验渐渐地多了一点，事情看得清楚了一点，我们就会发现，说我们喜欢别人批评，能够接受别人批评是对的；说我们不喜欢别人批评，不接受别人批评也是对的。

我们来回想一下，什么人，在什么情况下批评我们，甚至是非常严厉地批评，我们会点头接受，并且心悦诚服；而什么人，在什么情况下即使碰我们一根毫毛，我们也会跳起来反驳。

当仔细分析和比较之后，你就会发现，在二者之间有一根本的不同点，那就是别人对我们的同情与了解的程度深刻与否。

我们始终欢迎的是那些了解我们，而又非常同情我们的人，欢迎他们对我们明白透彻而又充满温暖和热忱的批评。

没有人会不愿意接受这种措辞良好的批评的。一般来说，在这一点上别人也和我们一样。

苦口的良药和不苦口的良药放在一起，每一个人都会选择不苦口的良药。

逆耳的忠告和悦耳的忠告比较起来，悦耳的忠告也永远是占上风的。

一、糖衣的作用

现代医学越来越进步，苦口的良药也渐渐不再苦口，因为在其表面大多包了一层“胶囊”或“糖衣”。

而我们在逆耳的忠告外面，也一样应该加一层“糖衣”。这“糖衣”是同情和了解，温暖和热忱。

其实，用糖衣来形容同情和了解是不够恰当的。糖衣虽然是甜的，但糖衣底下仍然是苦的。把苦药放在口里多嚼一会儿，待糖衣被口水融化了以后，里面仍然是苦得使你要把它吐出来的良药。

对人的同情、了解与忠言，不同于糖衣和苦药的关系。糖衣与苦药是一种表面的关系，而同情、了解与忠告，却是融合在一起的。同情与了解是我们忠言的根本，是我们忠言的核心。

我们的忠言，是基于对人的同情和了解的。我们的忠言，别人听了以后，听进耳里，记在心上，咀嚼得越透，研究得越深，别人就越觉得我们对他了解得非常透。

一种苦味的药丸，外面裹着糖衣，使人感到甜味，容易一口吞到肚子里去了。于是，药物进入胃肠，药性发生了效用，疾病也就治好了。我们要对人说规劝的话，在未说以前，先给人家一番赞誉，使人先尝一点甜头，然后你再说规劝的话，人家也就容易接受了。

有一天某机关王主任对女打字员说："你今天穿得这么漂亮，更显出你的美丽来了。"那位打字员突然听到主任对她这样夸奖，受宠若惊，脸孔都红起来了。于是王主任接下去又说道："可是，我要告诉你，我说这话的目的是要使你的心里高兴，我希望你今后打字的时候，对标点符号应该注意一些才好。"

王主任这样说话，未免太露骨了一些，然而他这种方法倒是很值得我们借鉴的。如果不这么说，而直接批评打字员，叫她对标点符号要特别注意，她心里就会觉得今天受了上司的责备，并感到十分羞愧，她也许为此有好几天都不愉快。她也许还要为自己辩护，说自己是很小心的，因为原稿上有错误或是不太清楚的地方，所以她不能负这个错误的全部责任。

二、给人家留点面子

土耳其的开国元勋凯威尔，为求土耳其的独立与解放，进行了不懈的斗争。他亲自率领大军，身先士卒，终于获得了最后胜利。当时有两个敌军的败将，被迫到凯威尔的司令部去请降，他们沿途备受土耳其人民的辱骂。可是他们和凯威尔将军会见之后，凯威尔竟毫无骄傲轻视的态度，反而上前去握手问好，并且很谦逊地说："胜败乃兵家常事，许多名将，碰到运气不好，往往很容易吃一场败仗，所以请两位不要悲伤。"

这就是凯威尔不愿意使人过分难堪，给人保留面子的一种方法。“己所不欲，勿施于人”，我们在劝导别人之前，自己必须得先想一下，假如别人对自己这样劝导，你会怎样呢？当我们事先这样细想之后，就知道当众指责别人是不明智的。即使只有两人在一起，没有第三者在场，你指责他，他也不会服气的。所以，我们即使不是当着众人的面，也应该注意规劝的言辞，也必须口气委婉，务使对方不过分难堪，这样才能真正达到规劝的目的。

邵先生在工商界是赫赫有名的，他很懂得这个道理。据说他从不用命令式的口吻向别人说话，他要人家遵照他的意思去工作时，总是用商量的口气去说。譬如别人说：“我叫你这么做，你就这么做。”他就不这么说，而是用商量的口气说：“你看这样做好不好呢?”假如他要他的秘书写一封信，他把大意和要点讲了之后，再问一下秘书：“你看这样写是不是妥当?”等秘书写好请他过目，他看后觉得还有要修改的地方，他又会说：“如果这样写，你看是不是更好一些?”他虽然处于发号施令的地位，可是他懂得人是不爱听命令语气的，所以从不用命令的口气。

盛夏的中午，工人们正休息着，一位监工走过去把大家臭骂一顿，说是拿了工资不该在此偷懒。工人们畏惧监工，立即站起来工作去了。可是当监工一走，他们便又停下来休息了。如果那位监工上前和颜悦色地说：“今天天气真热，坐着休息还是不停地流汗，这怎么办呢？现在这项工程很重要，已到了关键时刻，我们忍耐一下赶一赶好吗？早一点做完了，早一点回去冼个澡休息，你们看怎么样?”相信工人们会一声不响地去工作了。

说话禁忌

通过交谈而建立友谊不容易，而想要引来灾祸却是唾手可得。比如你对某人说起别人的隐私，此人本身有些秘密唯恐别人知道，而你无意之中点中了他的隐私。言者无心，听者有意，他会认为你是在有意揭露他的隐私，心中顿感不悦。这是说话的第一忌。

某人做了一件事，因为别有用心，所以竭力掩饰自己，以防别人发觉，对他不利。如果你与他素有交往，彼此比较熟悉，对他的用心知之甚深，他虽不能断定你一定明白，但总是对你有些提防。你处在这样的境地，既无法向他表白你并不知道，也无法表明你绝不泄露，那么你将如何处理呢？大概你唯一的办法只是装聋作哑，绝口不提此事。这是说话的第二忌。

别人有秘密企图，你却参与此事。你为他出主意，从乐观方面说你是他的心腹，从悲观方面说你又是他的心腹之患。

你虽谨守秘密，从不提及此事，不料别人猜到了其中秘密，并泄露于外，那么你是无法辩白你没有泄露的。在他看来，你是最大的嫌疑。在此情况下，你只有设法亲近他，表示你绝无二心，同时设法查出泄露的人。这是说话的第三忌。

别人对你不十分了解，并不十分信任，你却偏偏竭力讨好他，为他出主意、想办法。他如果采纳了你的意见，而实行的结果并不理想，他一定疑心你是有意捉弄他，使他上当。即使实行的结果很好，也未必会对你有好感，以为你是偶然想到的，实行又不是靠你，怎么能算是你的功劳？所以你还是不说话为好。这是说话的第四忌。

别人有过失被你知道了，你不惜直言相劝，认为他做得不对。他本觉得内疚，生怕别人知道后自己的面子不好看，而你却去揭破他，自然令他十分难堪，并往往由此产生怨恨，由怨恨而与你发生冲突。所以，你还是不说为好。即使劝告，也应以婉转为宜。这是说话的第五忌。

如果你上司的成功是由于你帮了他的忙，你的上司会深恐好名誉被你抢去，内心里自然会惴惴不安。你明白这种心理，就应该到处宣扬，逢人便说这是上司的领导有方，是上司的远见，一点也不要透露你有什么本事。这是说话的第六忌。

别人力所不能及的事，你认为他能够办到而强迫他去做；别人认为能做的事，并已开始工作，而你认为他办不到，强迫他中止这件事，这都是强人所难，不通人情。你认为朋友或下属哪件事该做哪件事不该做，你应该进言相劝，说明道理，使他自己认识到这一点，这才是上策。即使他不听劝告，你也只能相机而行，适可而止，不能遇事强求，徒伤感情。这是第七忌。

一、人们常犯的“语病”

有些人谈话风度虽然很好，但是在他的语言中掺杂了无意义的“杂音”。例如鼻子总是哼一哼；或是喉咙像老是不通畅一样，轻轻地咳着；或者是在每句话的开头常用一个拖长的“唉”声，好像每一句都要犹豫一阵子才能讲出来；还有的人每说完一句，总要加一个“啊”，生怕每一句话别人都没听清楚似的。

诸如此类的杂音都要加以清除，这些杂音使你本来很好的语言如同玻璃上蒙了一层灰一样，大大减少了它原有的光彩。

有些人喜欢在谈话中用过多不相干不必要的套语，例如在什么地方都加上一句“自然啦”或“当然啦”这类词句；也有些人喜欢加上太多的“坦白地讲”“老实说”等等词句；有些人老喜欢问别人“你明白了吗?”“你听清楚了吗?”有些人喜欢说：“你说是不是?”“你觉得怎么样?”也有些人习惯性地在每句话的句尾加上一句“我给你讲”等等，你说这可笑不可笑?

某人在上中学时，有一位新来的老师向同学们讲话，开头第一句话就是：“不过我今天来……”话语里都是“不过”。

像这一类的小毛病，可能你平时一点也不觉得，要问一问你的朋友，请他们替你注意一下，多提醒你几次，你就能改正了。

有人特别爱用某些词来表达众多的意思，也不管这个词本身有没有那么多的含义。

例如有人喜欢用“伟大”这个词，于是乎在他的话中，什么都伟大起来了。“你真太伟大了!”“这文章太伟大了!”“今天看了一部伟大的电影”“这批货卖了一个伟大的价钱!”

有一个朋友喜欢用“那个”代表一切形容词。听听他说的是什么意思吧：

“今天太那个了!”

“他这个人很那个，是不是?”

“我觉得这件事未免有点那个。”

“……”

这一类的毛病大概是由于太偷懒，不肯动脑筋想一个形容词的缘故吧！

要多记一些词汇，才能生动和恰当地表达你的思想。

在“好”这个概念之下，有“精彩”“优美”“善良”“出色”“美丽”“愉快”“呱呱叫”……以及许多其他的表现方法，不要那么简单地说：“他是一个好人”“这个茶杯很好”“这本书写得太好了”……

“他是一个好人”不错，可是他是怎么个好法呢？从最伟大的人，到普普通通、没有犯大错误的人都可以说是个好人。他可以是一个心地善良的人；他可以是一个服务热心的人；他可以是一个老老实实的人；他可以是一个力求上进的人；他可以是一个劫富济贫的人；他还可以是一个拾金不昧的人……到底他是一个什么样子的好人呢？同样，你说：“这个茶杯很好。”是“样子”好？是“颜色”好？还是“质料”好？还是“价格便宜”，或是“最合你的需要”？

一个口才好的人，说话要精致而细腻，丰富而活泼。不要像三岁小孩子那样，翻来覆去只有那么几个极简单的字：“我跑到门外边，猫看见我就跑到树上，树上的鸟儿都跑开了，树上的苹果也跑到地上来了……”

二、不要太琐碎

有些人喜欢叙述自己的亲身经历，自己的亲身经历讲起来最精彩、最生动。许多人也都喜欢听别人讲他自己的故事，在新闻报道中，“目击者”和“当事人”的叙述也是最吸引人的。有很多人把亲身经历编成小说，拥有众多的读者，还有人将真实经历改编成电影，也很卖座。

可是并不是每一个人都会讲故事。许多人讲述自己经历的时候，对自己的经历，样样都觉得很有味道，样样都觉得非讲不可，而听众却茫无头绪，索然无味。

这究竟是犯了什么毛病呢？

在这种场合，最容易犯的毛病有两种：

一是引用的对话太多。

例如，你说你见了什么人，以下就是“他说……”“后来我又说……”“他又说……”“那么我就说……”“他的太太这时候就说……”“所以我说……”像这样“我说”“他说”“他们说”，听的人一下子就被你搞糊涂了。

二是你讲了许多不必要的细节。

比如，你说：“我到一家理发店去理发，在××街和××街的转角处，门牌是四三五号，××街正在修马路。我记得这家理发店是五年前开的……”讲了一大套，别人还不知道你到底想说什么。其实你所讲的这些都是多余的。你要说的是你走进一家理发店去理发，有一个理发师是你大学的同学，他为什么做起理发这一行呢？这才是你想说的问题。

讲故事比写故事来更难一些。抓住要点，吸引别人的注意力，引起对方的浓厚兴趣是讲故事的基本技巧。在讲故事的过程中，少用对话，节奏要快一点，在重要的地方，讲得要详细一点，其他地方则可以用一两句交代一下就行了。

拒绝抬杠

有些人喜欢抬杠，和人搭上话就针锋相对，无论别人说什么，他总要加以反驳。其实他自己一点主见也没有。可是当你说“是”时，他一定要说“否”；你说“否”的时候，他又说“是”了。这是一种极坏的习惯，事事要占上风。

即使你真的比别人见识多，也不应该以这种态度去和别人说话。这样做简直不为别人留一点余地，好像要把别人逼得无路可走才心满意足。也许你并没有想到这一层，但实际上你却是这样做的，这种不良习惯使你自绝于朋友和同事，没有人愿意给你提意见或建议，更不敢向你提一点忠告。你本来是一个很好的人，但不幸染上了这种习惯，朋友、同事们都会离你而去。

唯一改善的方法是养成尊重别人的习惯。首先你要明白，在日常谈论当中，你的意见未必是正确的，而别人的意见也未必就是错的。把双方的意见综合起来，你最多有一半是对的。那么，你为什么每次都要反驳别人呢?

有这种坏习惯的人当中，聪明者居多，或者是些自作聪明的人。也许他想从自己的思想中提出更高超的见解，以为这样可以使人敬佩自己，但事实上完全错了。一些平凡的事情，没有必要费心作高深的研究，我们平常谈话的内容，消遣多于研究。既然不是在研究讨论问题，又何必在一些琐碎的事情上固执己见呢?别人和你谈话，根本没有准备请你说教，只是想大家说说笑笑罢了。你若要硬作聪明，拿出更高超的见解（即使的确是高超的见解)，对方也绝不会乐意接受的。所以，你不可以摆出一副要教训别人的神气。

当你的同事向你提出建议时，你即使不能立刻表示赞同，起码也要表示可以考虑，不可马上反驳。假如你的朋友和你谈天，那你更应注意，太多的执拗能把有趣的生活变得枯燥乏味。

如果别人真的犯了错误，而又不接受批评或劝告时，你不要急于求成，不妨往后退一步，把时间延长一些，隔几天再谈，否则，僵持下去不但不能解决问题，反而伤害了感情。

因此，你千万要谦虚一些，随时考虑别人的意见，不要做一个固执的人，这才能让人觉得你是一个可以交谈的人。

大量事实说明，人们谈话都有一个目的：想知道别人对某件事的看法是否和自己相同。他们希望别人也能和自己一样对某件事情有相同的看法。

如果双方的意见一致，你会感到一种安慰；如果发现双方的意见有差异，就会感到这是一种刺激，从而引起双方的争论。

因此，当你听到别人的意见和你一样时，你要立刻表示赞同。不要以为这样做会被人认为你是随声附和，因而就不吭声了。你不吭声，就容易使人认为你并不同意。同样地，当你听到别人的意见和你不一致时，你也要立刻表示你什么地方不同意，为什么不同意。不要以为这样做会伤害彼此的感情而不吭声。

一、怎样表达自己的意见

我们常常看到有的人因为喜欢表示与人不同的意见而得罪了朋友。因此，有许多人和许多书总是劝人们不要表达自己的不同意见。其实这种做法是很片面、很虚浅的，而且也是不诚实的表现。无论一个人多么爱面子，除了极少数、极愚蠢、极狂妄的人以外，几乎每一个人都喜欢忠实的朋友。不信你就试一试，如果你认识一个人，你对他的每句话都随声附和，不说一个“不”字，也许第一次见面他很喜欢你，但不久以后他就会觉得你是一个很圆滑的人。到处都做随声附和的应声虫，是没有人会看得起的。

那么，也许你会问：怎么样才能对人老老实实地表示自己的意见，而又不会得罪人呢？

有没有办法解决这个问题呢？

细心观察社会和人生，你就会发现，只要你的方法得体，向别人表示自己的不同意见，有时还会大受欢迎。使人有一种“与君一席话，胜读十年书”之感。

其实得罪人的不是你的意见本身，而是你表现出来的态度。如果在你表示不同意时，把自己的意见看得绝对正确，而别人的意见简直是愚蠢幼稚、荒诞无稽，那你就深深地刺伤了别人的自尊心。

因此，你要遵守一个原则：在你表达自己意见的时候，你要假定自己的意见也可能有错误，不要强迫别人立即相信你的意见，要给人以充分的时间来考虑你的意见，而且还要提供有关你的意见的根据。这样才能使别人对你的意见既不盲从，也不武断。与此同时，你还要表明你愿意考虑别人的不同意见，请对方提出更多的说明、解释和证据。你要明白，假使对方能够使你信服他的意见，那么你就应该抛弃你自己原来的看法。

一方面老老实实地说出自己真正的看法，另一方面又诚诚恳恳地尊重别人的意见，这样才是理想的交谈方式。

有时候，如果你的看法与普遍的看法相差太远，你可以事先作这样的声明：“也许这是我个人的偏见。”或者再补充一句：“我希望自己的意见能和大家一致，可是目前我还没有足够的理由这样做。”

许多人在别人面前，常常没话可谈，就是因为他到处都遇到和自己不同的意见。如果他一方面不愿意随声附和与自己不同的意见，一方面又怕说出自己的意见会“得罪”人，那么怎么办呢？最好的办法是缄口不说。

二、不要为一点小事争论

我们常常看见人们谈话，谈着谈着就争执起来了。他们争论的不外是一些极其微小的事情，他们的观点大体上一致，可他们都以为对方完全站在自己的对立面，弄得大家都非常不愉快。这是一种最常见的现象，可是谁也无法制止。

造成这种现象的主要原因，是在表示不同意之前，双方都忘记说或者以为不必先说同意的部分。

人们常常听了对方的长篇大论之后，发现其中有一部分与自己的看法不同，于是立即提出异议；而对方一听这话，以为自己的意见完全被否定了，当然有些不太高兴。

在这样的场合，我们一定要记住先说明你赞同的方面，然后再说明在某一点上你有不同的意见。这样对方就很容易接受你的批评或指正，因为他已知道双方的主要观点是完全一致的。

即使你不同意的是一个主要问题，但你最好仍能先表示你赞同的方面，哪怕是最不重要的方面。这样做并不是说你太滑头，因为你并没有做违心之事。你之所以要这样做，是为了缓和一下谈话的气氛，使对方觉得你并不是一个抹杀别人一切的人。这样，谈话就可以很融洽地进行下去了。

无论你的意见和对方的意见距离有多么大，冲突多么严重，只要你不表现绝对不可商量的态度就行了。相反，我们要表现出一切都可以商量，并且使对方相信，无论有多大分歧，大家都可以得到比较一致的看法。

如果你是一个善于谈话的人，你一定要小心翼翼，不要使谈话陷入僵局，只要谈话之门没有关上，那就永远不愁无话可说。

摆脱尴尬

在社交场合中，你可能会结识一些不平凡的人，说不定其中有些人会成为你的知音，或者是遇到一些有成就的人，能给予你宝贵的知识、经验及帮助。如果你仅仅是敷衍了事，你很可能失去一个大好机会。

因此，我们应该用更好的方法来把握这一机会。

一、清楚、恰当的称呼

当介绍人为你们作相互的介绍时，假如没有听清对方的姓名，你不妨再问一次，无论是问介绍人或是他本人均无不可。坦率地承认不清楚再度请问，并不伤大雅。如果永远把疑问闷在心里，不仅会影响以后谈话的气氛，而且也难建立友谊。

名字是每一个人所注重而又最敏感的记号。和另一个人谈话，你能流畅地称呼他，对方会感到愉快的，尤其是对于初次见面的人。他将会因你对他的名字注重并适当地使用称呼，而对你留有深刻的印象。同时，牢记一个完全熟识的名字，对于你的将来也许有所助益。

当再问清了对方的名字后，最好再做一次自我介绍，因为对方也许会像你一样，听不清楚你的名字。如果你想熟知对方的名字，那么详细地询问名字写法也未尝不可。要是你觉得需要的话，也不算是鲁莽的行为，对方也绝不会怪你的。

二、没有介绍人的场合

如果没有介绍人，那该怎么办呢。

这是一个很好的问题。按中国的规矩，本来就没有第三者做介绍的习惯，在朋友家中遇到，照例一见面就应该打招呼，互通姓名。这是一个简捷明快的方法，可谓高明之至。现代人大都沾染了一些洋规矩，学外国人来介绍的一套，常常在聚会时，因主人忙碌或一时大意未做介绍便相对无言，犹如英国人的脾气，同未经介绍的人交谈仿佛有失自己的体面似的。在这种场合，还是采用中国的方法，直接请问对方的姓名，并通报自己的姓氏。如果主人在旁边，那么为尊重主人起见，最好请主人来做一番介绍。有时候，你明知道对方的姓名，而没有人把你介绍给他，那么不妨上前和他握手打招呼，同时说出自己的姓名，作一下自我介绍。

总之，在交际过程中，坦率、诚实和热情是最为必要的条件。与其畏畏缩缩地弄成尴尬局面，不如索性用大方明快的手法自我介绍。这种人常常是最受人欢迎的，因为他们易于使人亲近。

三、摆脱窘境

有些人常常使谈话对象陷于窘境。譬如当一男子同一好说话的时候，好像惜如金似的仅用“是”“否”等字眼答复。

男的先问：“王小姐常到这里坐吗?”

女的答：“是的。”

“这地方很不错，可惜每次不易找到空位。”

“是的。”

“某某咖啡室也和这里差不多，王小姐也常去吗?”

“很少。”

“你是不是觉得在外面喝咖啡比在家里另有风味呢?”

“差不多。”

男的似乎有些着急了，他只好换了个话题。他想给女的递上一份点心，他问她爱吃咸的还是甜的。

“随便。”女的回答。

“肉饼如何?我看许多人是喜欢吃咸的。”

“也好。”

男的还是没有办法，他又换了一个话题。

“王小姐常看电影吗?”

“是的。”

“《小妇人》这个片子看过没有?”

“看过了。”

“你觉得这个片子怎么样?”

“还好。”

“你爱看国产片还是外国片?”

“都差不多。”

“最近看过的影片中你认为哪一部比较满意?”

“很难说。”

谈话进行到这里便无法继续下去了。

像这样的例子，相信你也一定会遇到许多。问的像考官，答的像智力测验，始终不能打开畅谈的局面。如果当时答者肯稍微运用一点头脑，在听了对方的问题以后稍微发表点意见，哪怕是很一般的意见，那么这一席话一定会愉快得多。

四、女子的心理

如果你遇到像上面例子中一样的女子，不管你如何发问，她总是简单地回答，既不表示意见，也不想继续谈下去。这时候，你不必立即失望，要耐着性子继续找话题，一直到引出对方最感兴趣的话题为止。同时也慢慢地使陌生的双方变得熟悉，这样便容易沟通了。假如仍然是失败，那么你不妨运用一下“激将法”。对女人如何运用“激将法”呢？下面举一个例子来说明：

“昨天我在一本画报上看到一篇内容”，你可以这样随意地开始，“里面说女子的快乐条件有七种：一是丈夫；二是家庭；三是子女；四是户外生活；五是个人充裕的零用钱；六是知心的女朋友；七是……”然后，你可以强调地说：“第七种是男人们向她们的注目。X 小姐（或 X 夫人），你认为画报上说的这一种对吗？”

你的激将利刃在于最后的那第一条里，这是对女性内心尊严的一个挑战，她不可能无动于衷。于是，话题来了。你的目的就达到了。

假如你一时找不到适合的激将法，或激了仍没有效果，那么你唯一的办法是：如有第三者在旁，你就转移目标来化解尴尬吧；如果没有第三者在场，就对她说一个故事，或是一段趣闻来结束这次谈话吧。这正是一般不太爱说话的女子所最欢迎的。

五、一个人对多数人

几个男子和几个女子，谈话的局势可称得上是半斤八两，谈话的平衡发展是不成问题的。但是，如果一个男子置身于几个女子之中，或一个女子置身于几个男子当中，情形就有些不同了。

一个男子最为苦恼的，就是他置身在几个女子当中的时候，不易找到一个插入谈话的机会。有些女子绝不会为旁边的那个男子着想，她们开始谈头发、谈衣服、谈胸饰、谈鞋和丝袜，所论及的都是那么琐碎。那唯一的男子虽不完全外行，也不好意思插嘴说上几句，这该怎么办呢?

如果不愿意保持缄默，又不便离开，男子就必须设法打破这个局面。他应该设法把谈话的范围引到较广阔的境界里。他不便谈政治、谈社会问题，在女人占优势的场合中，这些题目很可能不会引起她们的兴趣，引起她们的共鸣。他应该在她们最感兴趣的焦点中寻找话题。

“听说外国人最近发明了一种人造纤维，织成丝袜，可以久穿不坏。”像这样的一句既投其所好、又引起她们好奇的话，是一句很恰当的转换话题的话。于是，你主导话题渐渐转入外国人的发明事业，再转到电影、风俗习惯等等，以一种主动的姿态把她们刚才所谈的关于头发、衣服、修饰，等等之类的话题抛到九霄云外，使她们把注意力转移到你的话题上来，这样你就不致受冷落了。

至于一个女子在许多男子当中，情形就和上述的例子不同了。不消说，男人之间所谈的话题是广阔的，也许是政治，也许是社会问题，也许是国际形势……在这种场合中的女子，可以一直保持缄默，但必须保持一种倾听的态度。如果一个女子要想法把话题转移到发式、衣饰方面，那几乎是不可能的，男人们绝不会对这类话题感兴趣。

六、第一次到他（她）家里去

当你第一次到女朋友家去，最留心看你的人，当然是她的父母(也许就是你将来的岳父和岳母)。怎样才能使他们对你表示满意，就要看你谈话的态度了。

首先和你交谈的，很可能是她的父亲。他一定很客气，招待你如同招待一个嘉宾，你所说的每一句话也是他特别留心的。他和你谈论的题目也许是国家政治大事，也许是你的工作和你以前的经历，因为他很想从各个方面了解你。

许多年轻人在这种场合中都以为要紧的是表现出聪明能干，于是故意显示自己的抱负不凡，远比同龄人要强，几乎是近于自我宣传，以为这样就可以博得长辈的欢心。其实这是大错特错了。

你必须明白，在一个长辈面前，太聪明的言行未必能博得好感。

一般年轻人轻佻傲慢，就是太聪明所致。才干和智慧在无意中流露出来，才能博得人的赞叹，而刻意地显露，便不免流于轻佻。

长辈喜欢年轻人聪明，但并不喜欢年轻人自鸣得意。老年人的思想和年轻人的有些不同，如果他要选择一个女婿，不一定要选那些自命不凡的人，而是要稳重可靠的人。尽管你蓬勃发展的事业表明你聪明绝顶，他也许反而要说："这小子锋芒太露。"

所以你只要表示你的理解力很准就可以了，不要卖弄你的聪明。你应该多听少说，在一个长辈面前发表高论并不是使人喜欢的举动。他可能找一些国际时事或其他问题试探你的看法，但你切勿上当，因为上了年纪的人对于一切事物本来早已有了成见，若你的看法与他相吻合那还没什么，否则他就会不接受你的看法。最好的办法还是反过来去试探他的看法，让他先讲出来，然后你再随机应变。年纪大的人素有向人发表高见的习惯，让他说话，他就会觉得"孺子可教"！

一般来说上了年纪的人是不乐意耐着性子去听取一个年轻人的意见的，却乐意别人听取他的意见。所以可以把他的意见加以补充发扬光大，不必反驳。

当你叙述有关自己的一件事情时，不可故意把自己的事情加以粉饰。不表示自己的聪明是真正的聪明，不夸耀自己的美德就是真正的美德。

至于女朋友的母亲，其观点一般都较男人更为简单。她心目中的女婿如能殷实诚恳，她便不多作苛求。她的话题不离家常事务，有时也会说出一两句含有教训意味的话。你只要向她表示同情，给她一点点小的赞扬，一点点的安慰，尊重体贴她如同尊重体贴你的母亲一样。要说什么是诀窍，这就是诀窍。

如果你能这样处置应付，一直提心吊胆的女朋友，才算放下了心。对女朋友的态度，在她的亲人面前，你对她说话应保持一种友谊上的礼貌。一切亲昵的话，一切亲昵的动作，留待你俩单独在一起的时候再去说、再去做吧。

同上述的情景一样，假如你有一个要好的男朋友，你也有第一次到他家去的时候，那时你该怎么谈话呢？

母亲对于媳妇，犹如父亲对于女婿，这里你要特别留心的是他的母亲。

平常你在同学或朋友当中，见面谈不到两句，接下去的不是谈衣服就是谈发型，不是谈电影就是谈舞会。但在这时候那些话题统统都要收起来。来日结婚以后，你当然还可继续研究衣服和发型，一块儿和丈夫去看电影，上舞厅跳舞。甚至你将来还可以媳妇的身份和他的母亲说这说那，但那毕竟是以后的事情，而不是现在。虽然每个现代的母亲都知道现代的女孩子会有什么样的兴趣和爱好，但她们却爱欺骗自己，不愿意第一次见到儿子的女友时就听到她过分地谈论这些话题。

你最好少说话，比较稳重沉默的女子是较易于讨好老人家的。如果你的沉默被误会为羞涩，那并不碍事，因为你是女儿家。

虽然你是客人，但在这种特殊的情况下，你不必争取主动的地位；相反，你要采取陪客似的态度陪他们谈话。他的母亲将会用一种侦察的眼光来度量你，看看儿子的选择是否合适。她和你谈论的无非是日常的琐碎事情，她并不想考验你的学问，所以你无须在这方面炫耀。你话中若夹着太多的学理名词，反而会引起她的反感。

现代母亲对媳妇的选择标准无疑已经宽松多了，所以假如你对于家常细务不太了解，你不必慌张。不懂的话，你不妨向她请教。

上了年纪的女人，大多高兴有指导别人的机会。与其使她觉得你太聪明，倒不如使她觉得你文静得有点“傻”。

你千万不要说太锋芒的话使她听了害怕。温和柔顺，这是你应具有的态度和谈话的表现方法。

至于他的父亲，他对于夫妻相处之道有着丰富的经验。他自然希望儿子今后能够幸福，他一定希望你是具有理性，而非只以情感用事的女子。所以在他面前，你要设法让他了解你的理解能力。

怎样表现你的理解能力？请不要误会为要你发挥理论水准，那是根本不需要的。其方法是：举动自然，说话不随便多说，那些幼稚可笑的、大惊小怪的、一时冲动的、不加选择的、不分层次的话，以及像你日常和同学们一起嘻嘻哈哈的话，全都要收起来。现在你说话最重要的是有条不紊，镇定自如。当他发觉你对于他的谈话很感兴趣，而且能在适当的时候用简短的语言稍稍表示一下你的意见的时候，他会喜欢你的。

一个父亲最担心的就是怕儿子今后一生同一个缺乏理性头脑、单凭感情支配一切的女子生活。

他的家中如还有兄弟姐妹时，你切勿忽略他们。你若能获得他们的友谊，将来一定会加倍感到幸福的。要记住，当你第一次的拜访完结以后，第一个直率地在别人面前批评或是赞扬你的就是他的兄弟姐妹。无论是什么样的评价，你必须相信，他们的第一句话常常影响了其他人左右游移不定的心，而最终确定了你在他们心中所占的位置。

奋起自卫

在说话过程中，当你受到猛烈的攻击时，决不可以轻易地屈服。眼见对方攻势凌厉地袭来，无论如何，你都要设法打住话题；否则就无法挽回颓势，突破那可怕的僵局。

即使被对方逼急了，使你几乎无法反驳时，你也不必着急，只要态度从容地说“胡说!”就行。应用沉默的战术，使对方无法继续展开攻势。不久，对方便会对此感到厌倦。

当你被逼得走投无路时，最重要的是不能慌张。而且，还必须静静地等待。如果鲁莽地采取行动，只会使自己输得更惨而已。

一、使用俗谚

使用俗谚是一种可以起死回生的说话技巧。俗谚可使人产生“那是一种真理”的错觉。而大多数人都容易屈服于真理之下。

当对方急着要你做决断时，你可以说：

“俗话说‘欲速则不达’，在这紧要的关头，我们应先稳住阵脚，以便从长计议。”

当对方以丰富的知识攻击你的无知时，你便说：“俗话说‘知而不行，犹如不知’，我们应该重视这一点。”

“别忘了‘狗急跳墙’。或许你的主张是对的，但问题是能否获得众人的协助?”这是一种具有威胁性的说法。

你必须先设法搅乱对方的阵容，接着再重新稳住自己的阵脚。

这是削弱对方攻势的方法。

二、找借口

找借口也是个好办法，这时的要诀是必须故弄玄虚。你要有背水一战的决心。

“你的意思我完全了解，但你何必这样地指责，以致伤了彼此的和气？再说，你那方面也不见得完全没有问题。你这种逼人太甚的态度，实在令人难以接受。”

“或许你说得是对的，但你要知道，道理在这世上不一定通行无阻。如果你硬要固执己见，本来可以成功的也会失败。”你必须在话题以外寻找借口，以便向对方反咬一口。因为在此之前，你是处于挨打的地位。

要扰乱对方的阵脚，不断地发问是很有效的方法。

“你刚才说有检讨的必要，这是什么意思?”

“你刚才说要建立全体参与的体制，所谓全体是指哪些人？而且要以什么样的方式参与呢?”

如此持续不断地发问，对方早晚会露出破绽。因此，你就锲而不舍地与对方缠斗下去，直到对方不耐烦地脱口而出：“这种芝麻小事无关紧要!”这时，你就有机可乘了。你可以反驳对方说：

“你怎么可以说是芝麻小事？只要我还有疑问，你就必须说明，否则我怎么能完全了解呢?”

采取这个办法时，有以下两个要点。

第一，很明显的事也要反复地询问。这样一来，对方必会感到厌烦，因而产生不想再和你纠缠下去的想法。这是一种声东击西的方式。为了转移对方的注意力，以免他再注意你的弱点，最好对他说些毫不相干的事。

另外，此发问方式也具有使对方的话丧失条理的效果。当对方声色俱厉地加以论证时，应找出其最主要的关键部分，然后反复问一些极明显的事。例如：

“我想再确认一下……”“你只要想到……”（故意说一些风马牛不相及的事，最后对方将不得不对所说的话做某些修正，这就是我方的目的）。

第二，要对方为语意不清的字句下定义。诸如：“作建设性的处理”“调整”“检讨”“促进”“跟随”“妥善处理”，等等。如果对方有漏洞存在，其攻势便不会再那么凌厉了。

三、多使用“比如说”

这也是摆脱困境的有效方法。即使对方有条有理地高谈阔论，有时只要以下列的方式发问，对方就会立即崩溃。例如：“比如说，有什么例子吗？”“比如说，适合什么情况？”“比如说，在你的工作中有什么实例？”“比如说，你能想出适用的方法吗？”等等。

即使对方的话非常有道理，而且在逻辑上也很严谨，但若他无法回答“比如说……”这样的问题，难免会觉得不知所措。

下面举一个我们常见的例子：

A：“说话时增添些幽默感，可使会话更生动、活泼。但幽默如果没有掌握住时间、地点和情况，就无法产生预期的效果。”

B：“我知道了。可是，你能不能告诉我，应该如何掌握时间、地点和情况呢？比如说，在什么时候、什么地点，以及什么情况下，才可以说较为幽默的话呢？”

A：“哦，一般来说……”

当你要求对方“举出例子”时，可以立即回答的人不多。这时，对方显然已处于劣势。因此，你要紧紧跟着说。

B：“你说的我完全了解，不过，如果你不知道具体的使用方法，就等于是纸上谈兵，无意义可言。”

四、说些嘲讽的话

要扰乱对方的阵脚，最好是攻击对方的弱点。但若直接攻击弱点，有时会遭受猛烈的反击，最后甚至被逼得走投无路。因此，如果你采取说些嘲讽话的攻击方式，有时可给予对方极大的心理攻击。尤其是自视清高或有些自卑感的人，听到对方的冷嘲热讽，心理上所受到的冲击将会更大。

对方若向你追问：

“你不知道……这个事实吗?”

如果你直率地回答“知道”，就等于甘居下风。因此，你可以这么说：

“如果我说不知道，你也不会相信。因为凡是你所知道的事，我绝不可能不知道。”意为我所知道的事比你更多!

如果对方是个自尊心特别强的人，在此情况下，大都会产生退缩的心理。

清晰的目标

在我们的生活当中，常常会遇到一些较为正式的场合，此时的谈话就不再是轻松随意的。比如，商务中谈话就是比较严肃的，谈话的目的，不只是一种社交上的需要，也不仅仅是相互认识一下，互相了解一下，而是一种业务性质的谈话。这类谈话，每次都有一个特殊的目的。

如果你能够给对方一个良好的印象，使对方认为你说的每一句话都有考虑的价值，而你每一次的谈话都能针对要点，争取对方的同感，并能使谈话在融洽的气氛中结束，这就可以说是成功了。

一、应该做些什么准备

在社交性质的谈话中，你对某一个问题不能答复，或是答复得不太令人满意，并不是一件严重的事情。因为社交性的谈话，其话题的范围是漫无边际的，谁也不可能什么事情都一清二楚，谁也不能对所有的问题都有研究。

可是，在业务性质的谈话中，范围是有限的，一切谈话的内容都集中在那个特定的目的中。在这个时候，你若不能圆满地答复对方所提出的问题，自然对你的目的完成与否有一定的影响。

所以，在谈话之前，你先要做充分的准备，不仅要精通自己的业务，而且也要事先对对方的相关情况有比较深入的了解。

一般社交性的谈话，总是先从轻松的小事谈起，根据大家的兴趣来选择话题、发展话题和转换话题而业务性质的谈话，谈话的发展与转变不是根据彼此的兴趣，而是根据业务本身的需要。一开始，总是由谈话的一方将自己的意图、意见和有关的参考资料简明扼要地提出来，然后问明对方的意向，互相商讨一下怎样进行谈话，规定一下谈话的时间和程序。对于题外无关紧要的话，不是绝对不可以讲，但总是讲得越少越好。除了谈话告一段落，用一些闲话来调剂一下之外，谈话总是抓住主要的线索迅速地进行下去。谁能使谈话越紧密、切实，进行得迅速，谁就表现了这方面的谈话才能；而谈话节外生枝，拖拖拉拉，嘻嘻哈哈，尽管他在社交场合谈笑风生，很可能引得大家开心，但他在业务上的谈话仍不算高明。

明白了这两点，就可以知道这两种性质的谈话的主要区别。

有的人适宜于作社交性质的谈话，他说起话来生动活泼，幽默百出，高谈阔论，兴致淋漓，但是要把他的话限制在一个狭小的范围内，要他围绕着一个中心做严密周详的思考和交谈，他就不行了。这时就显出他用词不精确、判断不切实际、目的不明，显然是不高明的。

二、求职时的谈话

求职，除了信用，就只靠一张嘴了。但这并不是要你练一张浮夸的嘴巴，话太多有时不一定讨人喜欢。机会摆在面前，关键在于你怎么运用说话的技巧。

“我什么都可以做”，通常一个急于求职的人往往这样说。其实这是最愚蠢的，世界上绝不会有万能的人，而世界上也绝不会有人相信你是万能的。你不妨说出自己认为最擅长的工作，把自己的能力作一个扼要的介绍，使人对你的工作能力有一个了解。他如果不想雇用你，也许可以根据你的能力把你介绍到另一个地方。“什么都可以做”这句话反倒使他无能为力了。

要使别人瞧得起自己，先要自己瞧得起自己。无论目前生活如何困难，绝不可露出乞怜的样子。你可以谦逊，但绝可谄媚。当别人要听你发表意见的时候，就应该用研究的、而不是自诩高见的态度说出来。不可唯唯诺诺，使人觉得你低三下四。

当你谈出你的能力，或当对方试探你的才智的时候，简单地说明是必要的。但在发表意见时不可肆意批评别人的经营方法，更不可告诉对方你的计划一定成功。这样一来，说明你有能力而不流于自夸，具体经营上的得失应该让对方去评判，这样即使你的见解与他不同，也不会完全失去受雇用的希望。

去拜访一个人，把目的简单地说出来之后，你就应该走了。即使环境容许你多留一会儿，也应该立即把话题转到别处去。不可强迫对方给你一个肯定的答复，即使他自己有能力雇用你，也要给他考虑的时间。只要让他知道你的目的、你的能力、你最低限度的报酬，以后的事让对方去从容处置吧，不要啰啰唆唆地纠缠不休。

三、给自己创造机会

据说有一个人对商业广告极有研究，曾在没有机会的时候创造机会。他以求职的目的去拜访一位大公司的经理。会面以后他始终没有把谋职的意思说出来，只是和经理谈天。他巧妙地在谈话中尽量把广告对于商业的重要性和其运用的方法说出来。他举了许多有力的例子，他丰富的词汇引起了经理的兴趣。结果他没有说出谋职一事，反而由经理主动请他替公司办理设计广告的事务，他的目的达到了。

这就是仅凭一席话给自己创造机会的人。他有才干，而且也会用巧妙的谈话去找到发挥自己才干的机会。

另一个青年去应征一家橡胶厂的工作。他对此业原是外行，但为了去谋职，他预先调查好了国内橡胶产品的销售市场，以及外国橡胶产品在市场上的比重，并对各地产品进行了比较分析。当他应征时，他对此业的研究使主持者大感兴趣，在几十位应征者中独占鳌头，结果是不用说了，机会给他夺去了。

所以，准备一些使对方发生兴趣，同时又能表现你的才干的谈话资料，往往能帮助你获得成功。

四、应付顾客的要领

顾客走进一家商店，一个店员拿出商品让顾客选择时，十个顾客当中有九个要对商品吹毛求疵。这种态度不外乎基于下列三种原因：一是表示自己有眼力；二是为要求减价找借口；三是嫌太贵了，以此作为不买的理由。

明白了这些原因，你就可以应付自如了。

一切做店主或店员的都应该明白，走进店里来的无论什么顾客，不管他的态度如何，脾气大小，总是“上帝”，是他的商店利润的来源，只要他进来就应殷勤接待。

一个店员的殷勤也不外三个目的：一是希望能交易成功；二是希望他下次再来；三是希望他由于得到很好的接待而介绍其他顾客来。倘能如此，则生意必然兴隆。

认识到顾客对商店的重要性，我们就应不惜以任何方式去赢得顾客。当顾客吹毛求疵时，你就知道应该如何去应付了。

一个合格的店员，要有一颗同情心，他必须同情和理解顾客的难处，同情顾客出不起高价，理解顾客希望减价的心理。若对顾客表示同情，他自然也会体谅你，那么交易多半就会成功了。

当顾客对商品不满意时，你先要了解他的目的何在。倘若他真的嫌质量不好，如果你有更好的，不妨拿出来，有些顾客是不在乎价高的。如果没有更好的，你不妨惋惜地说：“这质量确实不太好，因为最好的商品进价太高，所以只好进这种货了，不过一般还是说得过去的。”

这样，顾客还能说什么好呢？你已承认了他的眼力不差，如果他没有“只买最好的”这样的心理，这笔交易是有把握成功的。

其次，倘若他志在要求减价，你如果不答应，就应立即取出另一种较便宜的给他看，同时可以这样说：“这一种质量不相上下，但价钱却便宜得多了，用起来还是一样，大多数人都选这一种。”你还可以加上一句：“其实，这些东西买太好的也大可不必，反正都是一样可以用嘛。”

此外，如果是一种可靠的新牌子商品的话，你还可以告诉他，新牌子商品因欲求多销，故价钱较便宜，但实际上质量和老牌子差不多。顾客最普遍的心理是怕自己买不起高价而有失面子，你这样说不仅维护了他的面子，还表现出为他着想，你还愁他不买吗？

假如他因为价钱太贵或质量不佳而无意购买时，你要记住，这次交易不成，你还希望他下一次再来。你要对他表示歉意，说些诸如“不能令您满意”等抱歉的话，还不妨委婉地问他要不要选择其他东西，或希望他下次再来。

一种诚意的殷勤常常使顾客喜悦，大多数的顾客会因招待得殷勤而过意不去，还会买些另外的东西。这样，他下次要买什么东西也会先到你这里看看，而且还会介绍他的朋友到你这里来买。

第二章 能说会辩有捷径

修辞很重要

要论精通一门语言，文法、逻辑以及修辞是表达思想与情感的三门必修课。在我们对自己讲话时，无须修辞的技巧、我们很少需要说服自己应该让别人倾听。如果我们需要说服别人，那么我们自言自语中仅有的合乎文法与逻辑是不够的。我们必须尽力使诺言付诸实际。就像我们有时候说的：“我们必须说服自己，再说服别人。”那正是修辞必要的地方。

尽管我们在对自己说话的时候可能很少要用到修辞学，但是当和别人说话时却不可能不用到它，理由很明显，我们几乎总是想试着说服别人不仅要听进我们说的话，并且也要因此而认同我们。

修辞学是一门古老且令人尊重的学科，与文法、逻辑一样，25个世纪以来，它在西方教育上占了极重要的地位。在西方整个漫长的历史中，修辞的教学主要是有关于雄辩术与格调的表现。在语言的运用中，格调的表现使得沟通的实质不是更加优雅，便是产生更好的效果。格调对于语言文字具有同样的性质。不论优雅程度是否令人满意，它不可能像在说服力上下功夫一样，总是能使沟通产生更佳的效果。

修辞学在其漫长的历史中，与雄辩术关系非常密切。

雄辩术是想尽办法企图说服他人去行动。雄辩者的修辞技巧指的仅仅是实用的效果而言，不是一连串的行为被采用，或被作为有价值的判断，便是一种为他人或一群人所采用的态度。

我们经常如同关心自己一样地关心如何去启发别人的心智思考。那和启发别人去实行以达到我们所期望的一样重要。

以“雄辩”的名义与别人谈话实际带有太多政治性演说的味道，像是在法院或立法会议上的感觉。政治并非人们须用修辞技巧的唯一场合。在商业以及任何事业上，只要人们想表示赞同或反对他人以达到实用效果时，都必须用到它。

“推销谈话”“说服力”“修辞学”等，对一些人来说含有着极大差别的言外之意，他们认为销售、说服以及使用修辞即是沉迷于诡辩。

那些怀有这个观念的人是错误的。若是诡辩无法避免的话那将是非常不幸的。因为诚实或者道德上一丝不苟的人将不能问心无愧地进行说服。而大多数的人都会发现，自己倾向于用令人满意及正当的方法来试着说服别人去行动，很少有人能完全忽视说服这件事。多半的人，在每天日常的接触中，花最多的时间在说服上。

一些技巧可以被作为好的或有害的，它们可以被小心谨慎地、凭良心地，或者无心地被安排使用。如外科以及内科医师的技术可以治疗病人也可以使人残废。律师的技巧能伸张正义亦能使之挫败。还有科技人员的高明技术，能建设亦能毁灭。说服者（如政治演说者、商业推销员、广告者、传道者）的技巧，他们能用真诚的态度以达到良好的成果，但是他们也能够实施欺骗或造成伤害。

诡辩是修辞的一种，它通常是不论用正当或卑鄙的手段，只求说服或驳倒对方。柏拉图划分诡辩家与哲学家的界线是：二者皆善于辩论，哲学家所持的态度是专心地奉献自己的诚心，并且不会乱用修辞或理论，不以欺骗或虚伪的陈述等方法来赢得辩论。

诡辩家则反之，总是想尽办法以达到目的，并且为了成功且若是需要的话，他会使真理脱出常轨。

在古希腊时代，人们为了赢得诉讼，都会请诡辩家来作修辞学老师。每个公民只要遇上诉讼便要当自己的律师——他自己的起诉人或辩护律师。对这些为达诉讼成功目的而不择手段的人来说，不论手段是否正当，诡辩自是令人喜欢。

这就是为什么修辞学会予人不好的印象的原因，它至今仍无法完全地摆脱掉坏的声誉。诡辩是不妥当地使用修辞，而被误用的东西本身并非应受谴责的。

一、说话者的特质

建立一个人的性格是任何尝试说服的初步措施。一个说服者要达成目的，必须将自己扮演成相应的性格。

当在一个特殊的场合中，面对着一个或者更多的听众时，你若希望别人不只是恳切地倾听，而且还感觉到你的话是值得一听的话，你就必须扮演一个知道自己是在说些什么的人，并且让人感到你的真诚与善意是值得信赖的。你必须让自己看起来富有吸引力，并且可信也可靠。

在说服的三项要素中，说话者的特质总是应该放在最前面的。身为一个说话者，除非你已建立你的信用，并且使自己在听者面前非常有吸引力，否则你不可能证明他们在注意听你的话，更不用说想说服他们去做你希望的事。只有先说服他们去信赖你，你才能进行下一步的说服。

当然，在说服过程中初步采取的方法有很多种，你可以说一些关于自己的故事，若能引起他们大笑并且是在笑你，这效果将会提高。你可以较不直接地低估自己的能力来谈论一些事情，这样会让听者自己心中排除掉你对自己过低的评估，而认为是过分的谦虚。你也可以借着赞美一些与你结交的人具有某些特质，从而让听者认为你也具有这些特质。

莎士比亚的《恺撒大帝》中，有两个典型的“说话者的特质”的例子。他们是政治上的说服例子，目的是想让听众采取政治行动。

在莎士比亚的戏剧中，有这样一幕：恺撒大帝被暗杀，罗马的公民们聚集在法庭里，站在他的尸体前，为他的丧生感到悲伤，并且愤怒地要求得到解释。布鲁特斯是暗杀行为的同谋之一，此时登上讲坛对他们演说：

罗马人！同胞们！以及我们所爱的人们！请听听我的理由，并且要沉默，你才可以听到。相信我的节义，并且也尊敬我的节义，那样你们才会，以你们的智慧来责备我，唤醒你们的意识，那么你们会较善于审判。若是在这集会上，有任何一个恺撒的亲密朋友，我要告诉他的是，布鲁特斯对恺撒的爱与你是同样的。并非我不爱戴恺撒，而是我更爱罗马。难道你们宁愿让恺撒活着而所有的奴隶皆死去，而不愿恺撒死去，所有的人皆自由吗？因为恺撒爱我，我为他哭泣；因为他幸运，我为此从欢喜到喜悦。为他的英勇而尊敬，为他的野心而死亡。在此有谁是那么卑贱地想成为奴隶？如果有的话，请说吧！因为我冒犯了他。这里有谁是那么粗野而无教地不愿成为罗马人？如果有，请说！因为我已经冒犯了他。在此又有谁是那么卑鄙以至于不爱他的国家呢？如果有，请说吧！因为我已经冒犯了他。我停下来等待答复。

这些公民一致地回答："没有，布鲁特斯！一个人也没有。"布鲁斯特很满意自己已经说服他们，不再认为暗杀是不正当的行为，于是把他的位置让给安东尼。在安东尼说话以前，大众已完全被布鲁特斯说服了，他们纷纷向他欢呼喝彩，并且宣称他们希望将已死的恺撒的位置给予他。布鲁特斯使他们安静下来并请他们听安东尼说话。因此安东尼被介绍出来，安东尼对他们说：

朋友们！罗马人！同胞们！请注意听我说，我是来埋葬恺撒，并不是来赞美他的。人们生前做了坏事死后又遭人唾骂，而所做的好事却随着尸骨一齐入土。恺撒也是如此吧！尊贵的布鲁特斯告诉你们恺撒是有野心的，若是如此，这诚然是个错误，恺撒也为这个错误付出了悲惨的代价。

在布鲁特斯及其他同胞的允许下，我们来到恺撒的葬礼说几句话——因为布鲁特斯是个尊贵的人，他的同胞们也都是。

恺撒是我的朋友，对我很忠诚。但是布鲁特斯说他有野心，而且布鲁特斯是个尊贵的人，他带了许多俘虏回罗马，那些赎金充实了国库。这样恺撒看起来还有野心吗？

当贫穷的人哭泣时，恺撒流泪了。野心应该是坚决断然的，而布鲁特斯说他有野心；并且布鲁特斯是个尊贵的人。你们都看到在卢普葛节那一天，我屡次地向他献上王冠，他都一再地拒绝了。这是有野心的吗？但是布鲁特斯说他是有野心的，并且他是个尊贵的人。我并非不赞同布鲁特斯所说的，我只是将我所知道的说出来。

你们都曾经爱过他，并不是没原因的，又是什么原因阻止你们为他哀悼呢？

噢！是非善恶的审判！已经逃入禽兽的中心。我们已经失去理性了。请容忍我吧，我的心已与恺撒同在棺木里了，我必须暂停片刻等它回到我心中。

布鲁特斯的简短演说说明了“演说者的特质”的角色，安东尼的演讲虽然较长但也是一样的。布鲁特斯为了已证明自己和同谋者皆无罪而感到高兴，并不想进一步激发民众们的任何行动。他只要求他们让他独自离去。另一方面，安东尼在心中却有进一步的目的。他想激起群众对他的同谋者——特别是布鲁特斯和凯西尔采取对恺撒之死的报复行动。于是他又同时依靠“引起哀愁的力量”和“理性”这两个说服的要素。

二、引起哀愁的力量

说话者的特质在于建立说话者的可靠性及凭据，以及他值得尊敬与令人钦佩的特质。引起哀愁的力量则在于激起听话者的热情，获得听者的情感，使他们朝着采取行动的方向前进。

引起哀愁的力量是刺激的要素。它使得安东尼的演说在很早的时候就呈现出此要素，甚至在头一段就混合着说话者的特质一同发展。安东尼使他们想起所有恺撒为罗马做过的事情，那些对他们有益的事。并且当他详述这些恩惠时，他重复地反问他们是否仍认为恺撒所表现的是自我寻求的野心，而不是对大众所做的有益的贡献。

因此安东尼成功地将布鲁特斯所建立起的群众的心情改变了。一个公民叫喊着：“恺撒已经犯了大错。”另一个人则大声呼喊：“他不愿意登上王位，他当然是没有野心的。”此外还有对安东尼表示的崇敬，皆是由于安东尼使用“说话者的特质”所寻求的效果。有人说：“在罗马没有比安东尼更崇高的人了。”

安东尼已满意他既已建立自己良好的特质，也使群众的情感集中在一正确的方向，所以安东尼继续引用一些理由来加强被激起的热情，以达到他想达到刺激的行动。

你要建立起一种他们（听者）能接纳的情绪，不然诉诸理由和争论是没多大效果的。

理由和议论可以用来加强热情的趋势，但是除非你的听者在情感上已经有倾向朝着想证明你的理由和议论的方向去移动，否则理由和议论将不会产生任何力量。

安东尼在其演说的结论部分是如何有效地混合引起哀愁的力量和理性，成功地使罗马的群众将情绪转移，乃至反抗布鲁特斯、凯西尔以及他们的同伴呢?

演说的过程中，他狡猾地提及恺撒的遗嘱，并且暗示当群众知道了遗嘱的规定条款，他们将会发现自己本身是恺撒的受益人。

啊！主人们，如果我有意要激起你们的心来叛变及愤怒的话，我将冤屈了布鲁特斯以及凯西尔。你们都知道，他们是值得尊敬的人。但是这里有张羊皮纸文件上面有恺撒的印章，我在他的衣橱里发现的，这是他的遗嘱。让百姓听一听这遗嘱吧——请原谅我，我现在不想读它——我若读下去，他们将会跑去亲吻死去的恺撒的伤口，并且用毛巾来吸取他神圣的血，还会要求拿一根头发当作纪念。在将死去时，会在遗嘱里提到此事，并将它遗留给后代成为贵重的遗产。

人们恳求安东尼透露恺撒遗嘱的内容。但是在他告诉他们遗嘱中供给每个人民75块银币作为礼物之前，他即着手开始将他们的热情提升到最高点。

如果你们有眼泪的话，现在就准备让它流出来吧！你们都知道这顶斗篷：我记得恺撒第一次戴上它的时候是在一个夏天的傍晚，在他的帐篷里。那一天他击败尼维。瞧瞧，就是在这个地方被凯西尔的短剑刺穿；而这里是他所爱的布鲁特斯刺穿的。当他将这万恶的刀拔出时，恺撒的血是如何随着它而流出来的，那血液仿佛想冲出门外，看看究竟是不是布鲁特斯如此无情地来敲门。因为你们知道，布鲁特斯是恺撒的天使。啊！众人啊！你们判断恺撒是如何深爱着他！这是最无情的刀伤，因为当尊贵的恺撒看见他来刺伤自己　这种忘恩负义的行为，比任何叛变的武器要来得锐利且坚硬。他打败了恺撒，然后耀武扬威地在脸上围起面纱，甚至在庞贝的雕像下，血不停地流着，伟大的恺撒死去了。啊！那是怎样的灭亡，我的同胞们！然后，我和你们，我们所有的人，当血的叛逆，活跃地奔向我们时，我们都将倒在地上。

这番讲演正达到它预期的效果。人民喊叫着要报复这几个刺客以及他们的军队，并且斥责他们为叛国者、恶徒，他们不再是值得尊敬的人。但是安东尼为了要确定他已经胜利，并且说服了罗马的群众按他所希望的行动，因而再进一步来巩固他已获得的。因此，在其后的讲演中，继续将布鲁特斯的说话特质再次地拿来与安东尼说话的特质做比较，以确立感情——引起哀愁的力量：

好朋友们，亲爱的朋友们，不要让我煽动你们发出如此狂大的暴动，他们做出这行为的都是值得尊敬的人，他们会暗自悲伤，我不知道是什么会使他们这么做，他们是聪明且令人尊敬的，他们将会以充分的理由来回答你们。我不是来偷取你们的心的，朋友们，我不是像布鲁特斯那样的演说家，但是，就如同你们都知道的，我是一个坦白且愚钝的人，我爱我的朋友，他们也非常了解我，才允许我在公众场合来谈论他。因为既没有才智，也不善言辞，也不会以有力的演说来激起沸腾的血液。我只是正直地说话，我告诉你们——你们本身都知道的事实。给你们看恺撒的一些伤口，并且在恺撒的每一个伤口放一张嘴，来感动罗马的墓碑站起来反抗。

人民怒吼着：“我们将要反抗！我们要烧毁布鲁特斯的房子以及其他的共谋者。”然后，只有在后来，安东尼说出每个罗马人民可从恺撒的遗嘱获益才将此事解决。人们叫喊着“去拿火来……把椅子拆下来……拖下长凳子、窗户、任何东西”。已经很满意自己所做的事情，安东尼退下来，向自己说：“让它进行吧！灾害，你在进行中，就如意地去吧！”

在使用引起哀愁的力量时，为了要有效地唤起有利的情感上的激动，说服者必须了解人类的欲望，亦即在几乎所有的人类中他们可以依靠为现有的，且积极的刺激力量——自由的、公平的、和平的、快乐的、世俗财富的、荣誉的、好名声等欲望，或者地位、特权的欲望。说服者将诸如此类的欲望，通常充满着驱使的力量，视为当然。因此在心理上依赖这些欲望为目标，且集中在解释为什么自己介绍的行动过程，比其他的说服者要能满足这些欲望的原因。

同样地，从事政治竞选活动或者参与立法的辩论，关于一些情感呼吁的冲突政策，如和平的维护、自由的保护，或者社会福利的安全等，说服者并不需要自创和平、自由或幸福的欲望。他们需要做的只是争辩他们的候选人或者他们的政策较适用于哪个目的。

说服者不能一直依赖普遍存在于听众，且已经被利用的欲望，有时候他们必须逐渐灌输听者一种他们寻求要满足他们的产品、政策，或者候选人的愿望，因为有时候人们有种需求和愿望是潜伏的，那是一种他们并不完全知道的需求与愿望。而这些，即是说服者必须想办法唤起与激励的。有时候他们必须想办法产生一种崭新的欲望——这通常是静止不活动的，直到说服者已激起并且使它成为驱使的力量。这在新产品上市时是绝对要做到的。所以，这也是一位竞争公职的候选人必须做到的，如果他的主张是建立在新的呼吁吸引上的话。

三、理性

说话者的特质和引起哀愁的力量被善加运用后，剩下来的理性则是说服者手中制胜的法宝。以下是一些须避免及要做好的事情。

最重要的，说服者应该避免冗长、复杂及纷乱的争辩。他们要执行的是并非从数学方面的证明或科学的推理而来的信念。有效地说服旨在对于一项产品、一位候选人和一种政策能较其他的产品等获得偏好、采纳，因此被采用的争辩方式应是较省略、精简和扼要的。

因而说服者必须在推理时省略许多步骤来抓住听者的心理。此种推理的古典名字为“希腊字省略推理法”，它意味着在推理过程中许多前提被省略。而那些未被提及的前提当然必须是普遍化、概括性的，以至说服者能确实地断定那是共同参与的。在一个法庭前争辩，原告或被告的辩护律师团可以对司法上已直觉注意的某些普遍化视为当然，因为既已是众所周知、大家认同是对的，他们就无须特别明白地强调声明。

由于此种普遍化被视为当然，说服者可以立刻从一个被归列为不被提及的普遍化特别例子，到适用于普遍化所伴随而下结论。这里从实例来争辩。如果我们想说服听者购买一件特别的产品或采用自己的政策，可以有效地做到——展示产品或政策，如何列示了为一般所接受的事实。

我们不必硬说什么东西对人的健康有益，只需要充分地描述产品；不须声明每个人都有权利谋生并且那些毫无过失而失业的人遭受极严重的伤害，只要叙述一项能够增加就业的政策；如果想起诉某人犯重大的罪，不必声明四周突然有了罪恶的征兆，只需拿出证据在法庭，出示表明囚犯确实做过那件事，并且让他没有解释的理由。

推理的简洁并不是有说服力的争辩中唯一的因素，另外还有所谓的修辞疑问。修辞疑问是用话来表现的，当你与听众谈话时所期盼的答案只有一个。在这方面，他们很像在省略推理中未被提及的前提，他们之所以不被提及乃，他们认为这是一般被认知的事情。

举个例子，布鲁特斯问罗马人民："在此有谁是那么卑贱地想成为奴隶?"立刻加上一句："如果有的话，请说吧，因为我已经冒犯他了。"又一次布鲁特斯问："在此又有谁是那么卑鄙不道德的以至于不爱他的国家?"他又说，"如此我冒犯了他。"布鲁特斯敢大胆地问这些修辞疑问问题，乃因为他非常了解到没人会反面地答复他。

因此，安东尼也在叙述恺撒的征服充实了罗马的国库之后，问："难道恺撒这样看起来是有野心的吗?"并且在提醒群众恺撒屡次拒绝登上王位后，安东尼问："这样是有野心的吗?"上面两个问题都是修辞疑问，他们只期望一个也只可以有一个答案。

学会倾听

会说话的人，必善于聆听，心灵才会舌巧。不管你多么能说，总有些时候闭嘴会比说话好些。

每一个人，当他还年轻时，都有一种天赋，那就是认真地听，他们能同时认真听和说。然而当他们稍微年长，大多数人便厌倦了，而愈来愈少用心去听，到了最后，他们已年迈而不再注意倾听。耳朵跟眼皮是不可相提并论的，但有时耳朵能封闭就如眼皮能紧闭不张开一样。有时这二者同时关闭，但通常都是耳朵闭而眼皮开，这并不是很重要。当耳闭眼开或眼闭耳开的时候，注意力通常会转向其他事物。

倾听，跟阅读一样，主要都是心智的活动，而不只是耳朵或眼睛等的感官运动。如果在这过程中没有心智的参与，那只能称为是“随意地听”而非“用心听”，是“看”而非“阅读”了。

一般人最常犯的错误总是将听和阅读视为被动地接受而非主动地参与，但对于写作和说话不会有这种误解。人们往往认为写作和说话需要付出精神和注意力，及经由写作和说话等的沟通方式来了解对方的心意。人们也会发现一些能熟练掌握谈话的艺术的规则，并能将这规则实践出来使之成为习惯的人，他们在这方面的表现常常比一般人优秀。

如有人针对“如何阅读一本书”这样的问题指出，首先要学的是要“用心”读而不只是“用眼”看，并且要跟写作一样主动。被动的阅读，通常只是以眼睛看代替用心读，这样并不能称为阅读。如果我们只用眼睛或耳朵来接收文字，而不用心去洞察文字作者的心意，我们就没有展现出读或听所想达到的目的，结果只是浪费时间。

在考虑有效的倾听所需要的努力与技巧时，要对别人所说的话细心留意，并尽力运用技巧来了解。必须做到知觉不受无关情绪的蒙蔽，保持客观的态度，且假设说者的内容是很有趣而值得一听的。

洞察文字语言背后深藏的思想。在尝试了解中，必须克服语言的障碍，因为表达方式的不同，说者和作者使用的字词通常很少和听者或读者相同，而听者和读者这时就必须努力来了解其意义了。听者和说者得达成沟通，读者和作者也一样。

在听和读中，都需要注意重点的陈述，因为并非说者和作者所说或写的每件事都是重要的。大部分的演讲中，其真正的重点只是一小部分。听者和读者须察觉出来，并将焦点集中在上面。

了解说者所要说的，注意说者为达到结论所采用的论点和理由，观察他如何设法表达是绝对必要的。但这些还不够，不管是听或读，决定自己的立场——同意或者反对是绝不可少的。一个人如果做不到上述的立场问题时，不是因为对所说的不能充分了解而无法确定自己是同意或反对，就是因为个人希望能有进一步的说明及证明。这时，好批评的读者和听者就该暂时停止决定，而更进一步追求真相。

一、一般的准则

在你还未完成分析和了解前，不要做任何批评（当你能说“我了解”时，才可以说“我同意”“我反对”）。

不要争吵式的反对。

尊重和你不同的观点。

二、批评重点的特定标准

指出哪里是知识的不足。

指出哪里是被误导的。

指出哪里是不合逻辑的。

指出分析和根据不完全的在哪里。

在这四项中，前三项是反对的标准。如果无法做到的话，那你就必须同意了——即使你根据第四点能做暂时性的判断。

利用语言进行沟通

用语言沟通是智慧者的游戏，交谈可以纵横捭阖，一张嘴抵过三千毛瑟枪，也可以咳唾成珠，战胜对手，赢得听众和荣誉。

在语言的双向沟通中，可分为四种主要的会话：社交性会话，心对心交谈，教育性、启发性的非私人且理论交谈，说服式的非私人且实际谈话。

这里我们要区分游戏性与认真严肃会话的不同。游戏性的会话，指没有任何目的、任何主题，没有事先安排的谈话。此外，就像游戏本身，纯粹是为了乐趣，是娱乐，没有任何严肃的动机或用意。

还有另一种类似如此的谈话，我们称之为“社交性会话”。它是一种轻松、非正式的谈话，只要有一群好朋友或令人可喜的友伴聚在一起即可发生。它可以是见闻广泛，带来情报消息的，也可以不是；它可以是具有启发性的，亦可以不是。总之，它主要是带来娱乐，并能使朋友间的感情更好，或者帮助彼此认识。

一个好的社交性会话绝对没有预先的安排，只要偶然的情况适合即可发生。如果是事先预定要讨论的，就好像是有计划安排的商业会议一般。社交性的会话是随意漫谈的，它没有想追求的目的，也没有要决定的事情。

剩下的其他三种会话，根据分类的标准，都是属于较认真、严肃性质而非游戏式的。它们都是有目的且经过引导的。这三种会话的主要区分是：某些是个人的，某些是非个人的。

使用“个人的会话”，我们都能从自己的生活经验里回忆出一两次这种事件。我们都会对极亲近的人说：“让我们对 XX 事来个心对心交谈吧！”或者：“关于 XX，我们私下谈一谈吧！”

“心对心的交谈”这个名词，如果被解释为只有心情的参与，那么就容易被误导了。所有的交谈，不论是游戏式或认真型，不论是个人的或非个人的，都需要有心智头脑的参与。而“心对心的交谈”既包括心智的活动又加入了我们的情绪、感觉等，这种谈话关系到个人的情感问题，是极严肃的，可能比任何其他的交谈都要来得认真。因为它的目的是要除去感情上的误解、偏差，或者即使不能消除情绪上的紧张，至少也要使之缓和些。

另外的两种谈话，都是严肃且非个人的。一种可以称之为理论性的谈论，它的目的是要影响一个人心意的改变。如果说是使人获得以前不知道的学问知识，那么它就是具有教育意味的；如果说是使人了解以前不了解的，或者更进一步了解以前知道的，那么它就是具有启发性质的。

如果谈话的目的是某种行为的接受、影响行动的决定、感情态度的改变或鼓舞人做某事等，这种会话即是较实际的。而这些实际目的，例如要销售商品、赢得政治支持、商业政策的接受等，仍都是非个人的交谈。

基于这些实际的目的，说服者通常都会利用被说服者的心理情绪，而他自己的情绪感情则很少牵涉在内。但在私人的会谈、心对心的交谈中，双方的感情都是牵连一起的。这种谈话大都发生于丈夫和妻子、父母和子女、家庭成员、朋友恋人间。我们绝不会对不熟悉、不亲近的人做这类交谈。

在私人及心对心的交谈里，参加的人都彼此视为平等。即使他们之间存有年龄的不同、成熟度的不一，如父母和子女、友情关系、爱情关系等，但他们都会注意到这些存在的不对等，而彼此不存隔阂、距离地交谈。

至于非个人的会谈则不是如此。双方之间可能有极大的不平等和差别，如业务会议是主管指导员工；座谈讨论会可能是老师教导学生……如果他们只是第一次见面，那么必须先了解彼此的观念、成见。

这里有某些特定的规则可以适用于各种形式的认真会话。同样也是对此会谈非常有效果的因素。我们必须将这些要素都列入考虑，因为它们能帮助我们克服其中的困难和障碍，让我们先从认真严肃的会谈下手，而后再讨论社交性的会话。

“语言”是我们沟通的一种工具，并且也是使用最多的工具。如果我们能善于应用语言，那么它将成为一个帮助我们了解对方心意的完美媒介。不幸的是，事实却非如此。由于人们不会善用它，以至于造成沟通媒介——语言使用的失败。人们使用语言时，大都是模糊不清、模棱两可并充满了误解的陷阱。

有时候，大部分的人都无法使用正确重要的话语来让对方了解，尤其是那种具有较深奥意义的话。如何使它们发挥出正确的意义来，的确是个问题。而即使我们非常努力去注意到、探求到这些字的意思时，往往这些重要的言论却没被听到。从与我们沟通的人的反应中，我们很难过地发现，他们不是没听到就是不专心。

当然，人们会话的词汇有些含有多种意思，各人都有自己使用的方法和意义。这虽是不能改变的事实，但却可以做些补救。比如，我们可以记下同样字眼的不同意思。比起其他使会话更具沟通性的方法，这方法需要更多的细心和耐力，但如果我们不这样做，结果可能产生误解及不能调和的冲突。

有两件事可以方便我们克服这种语言的不良媒介的障碍，一种是包括文法、修辞、逻辑在内的密集训练，另外一种则为学习一般的传统、普遍的阅读及对有关的基本意见的了解。

在严肃性的非私人会谈中，第二个要因是情绪的加入。这并不同于心对心交谈的例子。心对心交谈中情感是讨论的主要实质，但在某些实际上的说服目标里，情感亦占有一席之地。如果我们做得好的话，即情感经过了巧妙安排和控制，那么目的也不难达成。但无论如何，在非私人会话中想达到互相理解的效果，该是讨论理性的话题而不存有感情、情绪的进入。

如感情侵入了这种会谈，那么将会把这会谈搞坏，使得本该是纯粹的理性面对面变为感情的冲突。结果呢，以彼此虚见的冲突之战代替了意见的交换和观念的争辩。

还有另一个因素就是“自觉”。我们有了自知之明即能方便这种理性的会谈，反之，则成了会谈的阻碍。了解自己是互相了解中的一个非常必要因素。一个人至少要能很清楚地对自己交谈，这种自言自语是不可缺少的，如此才能跟他人交谈时非常清晰有条理。如果缺少了这项知性交谈的要点，就无法预期自己能否在知性会谈中洞察他人。

最后，同等重要的便是在从事严肃认真式会话所需要的努力。一方面是由于我们可经此得到好处，另一方面是鉴于从好的会谈中能得到的乐趣。把你的意思说出来是非常困难的一件事，而听出别人所说的意思来也是同样的困难。这二者都需要花费脑力，但却有很多人不愿意如此花费心思，这些人都是懒惰的交谈者。他们的这种脑力怠惰是不智慧且不正确的，更是妨害他们从中获取利益的基本原因。大部分的人只有在逼不得已或有利益引诱时（如金钱或爱情）才会努力如此做。假如我们感到有一股相当的力量和需要时，我们为了心灵交会、互相了解以及同意协定时，就可能努力地使这交谈更具深度、思想。

可适用于各种形式的会谈的一般规则，将有助于我们达到双向沟通。

首先，选择一个适当的地点及时机交谈，并有足够的时间进行谈话，不要有任何足以打扰会谈、使人分心的事物。并非所有的时机都是适宜真正正式的会谈。比如说，当你走进某人的办公室，你想花上一两个小时与他谈些重要事情，但你发现他正十分忙碌于公事或者私事，那么这绝对不是一个好时机，因为你无法使对方集中注意力或专心地会谈。

第二，事先知道你的会谈是哪一种形式。就像读书的方法，要将一本书读好的第一个原则便是知道你要读的是哪一种书，读一本小说和读一本历史书的方法是不一样的，而读这两种书的方法又不同于读有关哲学或科学的书籍。例如，认真严肃型的会话，其主题、讨论目的都彼此不同。要先清楚你将进行的会话特性，是实际的呢，还是理论的，以及它的概要。

第三，不管是哪一种形式的会话，注意选择适合的人选。不要想跟每一个人讨论每一种话题。就算是你最好的朋友，如果缺少这项能力及兴趣亦不要和他们谈论。但是有时候也并非是能力及兴趣的缺乏使然，而是有些人性情不易亲近，或者彼此个性不合等。如果说张三和李四彼此厌恶，那么就不要将他俩牵扯在一起会谈，因为这么做只会引出他们情感上的敌对罢了。

最重要的，绝对不要和一个对讨论主题排斥且敬而远之的人谈论。当你知道某人是无法说服的，就不要尝试去说服他。当你知道某人对这话题的真实性抱着强烈的怀疑态度时，就不要尝试去和他讨论、解释以改变其心意。因为他只会对所有的论点和答案装聋作哑，或者坚决站在反对的立场。

第四，避免谈论到某些忌讳的话题。如果不遵守这项规则，那么双向沟通只会变成彼此偏见的交换。

如果谈论的是关于每个人不同的嗜好、兴趣，那么在这个会谈中，你的了解程度只能做到别人跟你所不同的爱好，以及为什么他喜欢的却正是你所不喜欢的。关于这种差别是不需要争辩谁好谁坏的，如果你这么做，那只是个人时间的一种浪费。

除了喜爱不同无法讨论争辩之外，还有私人的观念和成见也是同样的。当这出现在会谈上时，我们只能从中知道每个人不同的观点和先入为主的偏见，但我们却不能试图借着讨论而达到使对方放弃他的看法而接受我们的目的。像这种事情是无法达到心灵相通的，而如果你坚持要争辩的话，那也只是徒劳无益的。

第五，不要光听自己所说的。当张三在说的时候，李四则保持沉默。但李四却不是在聆听张三所说的话，而是礼貌地等待张三说完，然后再开始发表自己内心想说的事。而李四所说的可能与张三讲的无关。而当李四说话时，张三亦礼貌地等待——但也不是在聆听。当李四讲完后，张三赶紧继续他先前的话题，或者说些和李四刚刚发表内容无关的其他事情。这样的情形就好像两个人各在不同的房间说话，因为只有自己一个人在听话。

第六，有一个非常重要的规则是在你听问题时需要密切注意，那就是在回答之前努力去了解问题，而后呢，根据你的了解程度来回答问题。很多人把问题视为只要说出话来就好，而随意地说出当时心里想到的事，也不管他们的回答是否跟问题有关。当你对被问到的问题一点概念也没有时，不要贸然地回答。你必须请求询问者将问题解释一遍，或者用你比较能明了的方式再重述一次。当你完全不明白问题时，实在没有必要回答之，努力寻求了解后再尝试作答。

如果在会话中你是一个问者而非答者，那么你必须要求自己的问题尽可能的明白。不要做一个懒惰的询问者，不要认为因为你自己了解问题，那么你表现出来的方式别人亦会明白。你或许需要以多种不同的方式来发表你的问话，然后努力发现哪一种方法最能抓住别人的心、最易让人明了。

关于良好的严肃型会话里的询问还有一个规则。有些人认为在从事会谈中，他们能一个问题接着一个问题询问，并且对答案也都欣然接受，没有批评疑问。这种方式在为了某些特定目标的特定情况里，可以算是非常有用的询问方法。但在双向沟通里却无法抓住重点。

当别人在说话时不要打岔。千万不要太没耐性，急着在他人未说完时将自己心里想的表现出来，也不要认为你能根据说话者前面的言论而知道他将说些什么而打断他的话，要让说话者有机会把话说完。

在会话中，如果你是说话者的反对者，不要太鲁莽地争辩，同时你也不用太过礼貌地保持沉默。当你有机会发表自己的意见时，你的语气和态度要始终保持着文明理性，如果你认为你说的话具攻击性，那么试着用温和的方法说出你的要义，但是不要对值得说出来的话三缄其口，过分的客气只会压抑你该说的话。

当进行社交性会话时，主题可以是一个或数个，而且可以随时改变。谈论的范围可以是人、事件或意见观点等。但是值得注意的是，所谈论的主题最好是跟大家互相关联的。如果你发现了在场的某人眼里显出倦意或无聊，不论你是否是说话者，你最好赶快换个能引他注意的话题。

要使社交性会谈更成功，就应尽量避免：粗鄙地大声咒骂；种族的笑话和恶意中伤；自以为是，故意抬高自己的身价；陈词滥调的口头禅；单字或片语的外国话，除非你发音标准且了解其意义；不常用的字眼，尤其是只有学术专家所熟悉的专有名词；一再地重复别人已耳熟能详的故事或笑话。一些话题并不一定要绝对避免，但最好是只跟极亲密的朋友提及，他们或许对你所说的真心话感兴趣，譬如个人的健康状态及最近动过的外科手术；个人的小宝宝以及他们可爱的俏皮把戏；个人的孩子以及他们杰出优异的表现；自己家里养的宠物等。

当会话进行得非常好时，不要随意离开或改变主题。这需要一直保持专心和注意力，并知道什么是有关的重点，什么是无关的废话，还包括了解自己的部分。如果不在你的范围之内就不要自作聪明地争取表示，除非别人询问你的意见。

关于社交性会话，还有一些原则要遵守：

不要想打听别人的私生活，不要问别人一些私人的问题，千万不要对别人的长辈、国籍、事业、职业及私人嗜好作无关的干预。

绝对不要为事实而争辩，事例要十分准确，不要穿凿附会。

不要说恶意的闲话。如果你认为大家都以为你所批评的人名声很坏，那么就错了。你这种形式的争论是个人的，是攻击某人而非针对要点、事物，这是一种恶意形式的难题。

不要说些机密的事，除非你希望它们告诉别人。

问些别人的事，不要一直谈论自己。

要注意保持自己的音调、该笑的时候笑，但不要发出刺耳尖锐的笑声。

眼睛要注视着说话者，不要随意乱看。

如果有另一个人加入谈话，简要地告诉他正在进行的话题，并鼓励他一起讨论。

在晚宴上，问你邻座一些问题以打破沉默，并且试着让大家说出看法而成为会话主题。

心有灵犀一点通

所谓的心灵交会是指当彼此的想法不能统一时仍然了解对方，或者由于了解对方而达成协议。

由于误解，常常使实际性的会话不能成功地得到一个决定。即使有充分的了解存在，有时也因为不同意而阻碍了行动的产生。

放弃了真理的追求。而这种反对也好像只是个人不能协调的意见冲突，纯粹出于个人成见和喜恶。你应该解释出你反对的理由，下面的方式可供你参考。

“我认为你之所以如此坚持，是因为你对于某些事实及理由消息不够充足……”当你如此说之后，就该指出你认为他所缺乏的消息、见闻。而一旦他得知后，或许就会改变心意。

“我认为你之所以如此坚持，是因为对某些相关的事情有所误解……”那么你就必须准备指出错误所在，如果他纠正过来之后，可能就会放弃先前的意见。

“我认为你具有充分的消息来源，并且能坚定地了解、掌握例证和理由以支持你的立场，但由于你推论的错误，使得你从前倡导出来的结论却是错的……”那么你就得说明这种逻辑上的错误，如果经过修正，对方可能就会接受另一种结论了。

“我认为你先前并没任何错误，而你有充分的理由来支撑结论，但我还是觉得你对这个主题的思考仍然不够完全，你应该更进一步思索出和先前不一样的结论出来。”那么你就要能够指出这些结论，以及它们如何和对方所说的不同。

心灵交会是非私人会谈的最终目标。在理性范围之内，应该努力去追求渴望的目标。

同样地，我们也不能期望过高。人类是理性也同样是情感的动物，在我们的内心里及理智上可能被一些情感所蒙蔽，以及受制于其他限制。这些都必须以某些适当、理想的方法来补足，并作不过分的寻求以期了解。

我们永远不可能完全控制情感，也不期望如此做。我们无法超然地走出自己而完全进入他人的内心，去看看他或她想些什么，以及对我们的看法……

如果一个特别的会话最后的结果是彼此了解并同意了客观的真相，我们也不应该就此结束这件事。还有许多事有待我们着手去做，如了解其中的暗示、含义等。同样，如果结果是反对，亦应该继续努力做这些事。

在这里所要提供的忠告是：应该有另一个时间、地点允许我们对事情做更进一步的探讨，目前暂时停止而等一段时间。当一个会话受到时间的限制或者进入了僵局，这个劝告就更加有用了。

最重要的是，我们应公平对待别人的言论。

如何提问

一、率直提问

直接抓住对方的某一要害问题，开门见山地提问，以置对方于被动地位，这便是率直提问。

率直提问的关键是要抓住对方话语的实质或漏洞，直接提问。因而提问的形式不拘一格，可以一次发问，也可以连续发问，还可以排比逼问。

一次发问是针对对方的问题或漏洞，直接用一个提问指明对方的错误的提问形式。它往往用于对方的错误较明显，且能一问中的的情况。

例如：一鞋商趁运动会期间推销其新式球鞋，吹嘘道："谁买了我的球鞋，谁就能跑第一名。"此时，旁人问道："如果有两个跑100米的人买了你的球鞋，谁能得第一名呢？"鞋商无言以对。

二、诱入提问

诱入提问是有意识地通过提问来使对方落入自己设计的圈套，从而迫使对方承认或否认某种言行，达到己方的目的。

诱入提问的要点是：根据辩说对方的特点和讨论的问题，设计一个提问，使对方的回答陷入一种困境或被动地位。此时你再根据对方的回答进行评价或批驳，可取得事半功倍之效。

三、适时反问

问与答，是索取和提供信息的过程。在这一过程中，问方较主动，答方较被动。但这种关系是相对的，并且可以相互转化。反问就是在对方提出问题时，不回答问题，反而提出问题来让对方回答的问话方式。借助反问，变答者为问者、被问者为提问者。变换了角色，也就能使己方变被动为主动。

反问关键是要适时，就是要针对对方的情况和己方的情况，把握反问的时机。有直接反问和间接反问两种方式可供选择。

四、矛盾发问

在辩说中，对方的观点或某一句话里往往隐含着自相矛盾的地方，而己方又难以用陈述的语气挑明。此时，己方便可借助于提出一个问题，使对方的自相矛盾处明显暴露，置对方于被动地位。这就是矛盾发问。

五、明知故问

对答案明确的问题或已知的事实，故意提出来问对方，以达到自己的目的。这种方法就是明知故问。

在明知故问过程中，所提问题的答案可以是真的，也可以是假的；明知故问的目的，可以是故意刁难对方，也可以是引导对方进一步思考问题，还可以是为了说服对方。根据所提问题的答案的真假不同情况，可将明知故问分为三种形式：正面明知故问、有意错词和模糊明知故问。

正面明知故问是明知正确的答案，只是因答案于对方不利，便故意将问题提出，置对方于困境。这种明知故问形式往往用于辩论之中。

例如：1990 年亚大辩论会决赛的辩题是“人类和平共处是一个可能实现的理想”。当时，南京大学队是正方，台湾大学队是反方。辩论中，南京大学队就明知故问了一个问题——“人类最大的共同利益是什么”。因为这一问题的答案很明确，众所周知，就是“和平与发展”，但答案显然对反方不利，所以正方不仅明知故问，而且不断追问。反方先是一再回避，但最后被逼得不得不答非所问：“人类最大的共同利益就是在所谓的南非问题还没有解决的时候，俄罗斯的种族问题又出来了啊！”南京大学队就是恰当地运用了正面明知故问形式，使反方出了洋相，陷于被动地位。

六、两难设问

错误的言行总是有懈可击，自相矛盾是其最突出的弱点。利用对方观点或行为的矛盾之处，通过设问使对方陷入为难的境地。这就是两难设问。

两难设问的逻辑基础是二难推理。二难推理由两个充分条件假言判断和一个有两个选言肢的选言判断为前提，并根据假言判断和选言判断的逻辑性质而推演。它是论辩中常用的一种逻辑形式。因为通过作小前提那个选言判断列举出的两种可能情况引申出对方难以接受的结论，可使对方陷于进退维谷、左右为难的境地。两难设问也可达到这样的目的。其运用要点是：向对方提出一个问题，这个问题的回答包含正反两种选择，但对方无论作出何种选择，结果都是其难以接受的。

例如：里根在担任美国总统时，曾发生与伊朗进行秘密武器交易问题（即“伊朗门事件”）。1986 年事发后，引起全国一片抗议之声，因为这在美国是严重违法的。里根为洗刷自己，先后抛出几个替罪羊，依然难以过关。在一次记者招待会上，一名记者向里根发问道："您作为总统，是否事先知道伊朗门事件？"里根对此难以作答，陷入困境。人们说，里根败于记者的一招之向。

里根为什么会对记者的提问难以作答呢？就是因为记者的提问是一个典型的两难设问，它蕴含着二难推理：如果里根总统事先知道伊朗门事件，那么，总统本人严重违法；如果里根总统事先不知道伊朗门事件，那么里根是严重失职的（因为他竟不知道部下在干什么）。或者事先知道，或者事先不知道，总之，里根总统或者干了严重违法的事，或者严重失职。因此，里根无法回答记者的提问。

说理的方法

一、寻求共鸣

说服对方，理是基础，但仅有理是不够的。常言道，酒逢知己千杯少，话不投机半句多。寻求共鸣，便可使你成为对方的"知己"，避免"话不投机"。

所谓共鸣，是对话双方思想感情上达到基本一致的体验。借助感情共鸣，可以消除对方的对立情绪，赢得对方的信任，营造融洽气氛，从而为你的说服铺平道路，使对方从心理上愿意接受你的劝说或主张。

寻求共鸣的技巧之一是寻找共同感兴趣的话题。大千世界，芸芸众生，虽然个性千差万别，但总有共知、共爱、共有的话题。年龄上、地域上、经历上、兴趣爱好上，都可有共同感兴趣的话题。这些话题，便是寻求共鸣的素材。

有一次，某著名相声演员到某市演出，市属几家新闻单位的记者纷纷前去采访。不料，都被他一一婉言谢绝，这令记者们十分失望。这时，有位爱好相声的女记者却再次叩响了相声演员的房门，说："同志，我是一个相声迷，我对你的演出有些意见……"于是接下来，相声演员便十分热情地接待了她。

女记者正是利用了她和对方对相声的爱好及共同兴趣做文章：使对方产生了共鸣，接受了她的采访。

二、激将劝服

说服他人，理是基础。但当理由已充分展开还不见效的时候，或者你自我感觉逻辑推论的力量单薄的时候，你不妨试试遵循古人的训言：请将不如激将。利用一定语言技巧，刺激对方，激发对方的某种情感，使对方的情绪波动或心态变化朝着你所期望的目标发展。

激将劝服的技巧之一是正面激将，即用鼓励、信任的语气，使对方树立起自强、自信之心，从而自觉或不自觉地接受你的主张或决定，从事你所期望的某种行动。

《人际交往的艺术和技巧》的作者赖斯·吉布林经历过一件事。一天，他来到某市他曾住过的旅馆求宿。当他穿过那些挤在办公桌前想住旅馆的人时，办公桌后的一位职员抱歉地说："哎呀，赖斯，你应该让我们知道你要来这儿。照目前这个样子，我恐怕不能帮你什么忙。"赖斯回答说："看起来我们的确碰上了难题。但是如果说在这个城市中还有哪个旅馆职员能解决它的话，我相信，那就是你。我不需要再去寻找，因为如果你也不能给我找个房间，我就准备睡到公园里去。"这一席话，刺激了对方，表明了对对方的极大信任。因而，那位旅馆职员说道："好吧，让我想想办法。"这是对赖斯正面激将的"投桃报李"。结果，那位职员最终帮赖斯找到了一个非正式的小房间。

三、激发需要

无论什么人，只要生存在这个世界上，就会产生各种各样的需求和愿望。这是人尽皆知的事实。因此，在说理中，我们应考虑到人的需要，借助对方的需要，进行说服工作。

美国心理学家马斯洛的需要理论认为，人们的需要尽管千差万别，但存在着某些共同的需要，即生理的需要、安全的需要、社会的需要、尊重的需要、自我实现的需要。这五种需要是按层次分布的，依次逐级上升。当低一级的需要获得相对满足后，人们就会追求高一级的需要。古人云，"衣食足而后知荣辱"，说的也是这个道理。

激发需要的技巧之一，是根据对方的心理特点和马斯洛的需要理论，通过满足对方较高层次的需要来说服对方。

例如，张、王同为民办教师，张嫌民办教师工作辛苦、待遇微薄而弃教从商，同时打通关节，让其仅读过小学五年级的妻子代执教鞭。王担心张妻误人子弟，常帮她提高业务，但张知道后反指责王动机不纯。王气愤不过，找到校长。校长说："你是什么样的人，他张某是什么样的人，老师们心里都清楚。君子不计小人过，你用不着与他一般见识。"校长的一席话，从王尊重的需要上，肯定了王的行为，使王得到了心理上的满足。因此，王听完话怨恨全消，工作热情不减。

四、运用哲理

哲理是智慧的结晶，令人回味，启人思考。一个人的话语中是否含有哲理，标志着说话者的思想成熟程度。因此，在说理中运用哲理，使道理具有深刻的意蕴，有助于对方从心底里信服。

哲理分为四种类型。

警策型。话一出口使人一惊，却惊而无险；出人意料之外，却在情理之中，这是警策型哲理的特点。例如，卢梭说"有人活了一百岁时走向坟墓，但他生下来就已经死亡"。这句话中"活了一百岁"与"生下来就已经死亡"是一个辩证矛盾，它隐藏着深刻的思想，表明了生理的存在与精神死亡之间的辩证关系。

若愚型。这一类型的语言往往说出的是最平常的事情，而这些最平常的事情一经提示，却似乎是"点石成金"了，变成了耐人寻味的东西。例如，歌德说"光线最充足的地方，影子也特别黑"，赫伯特则说"一朵花做不成花圈"。其意蕴相当深刻。

忠告型。长者的口气，明显的善意，少许的专断意味，是忠告型哲理的特点。例如，拿破仑曾说"从伟大到可笑，只有一步远"。这是语重心长的话语。

总结型。这类语言的明显特征是归纳经验，作出一种可能性的描述。例如，歌德说"长久迟疑不决的人，常常找不到最好的答案"。叔本华说过"财富往往像海水，你喝得越多，就越感到渴"。这些话读后会让你不由自主地点头称是。

五、透视根源

透视根源，就是对表面扑朔迷离的问题，直视本源，抓住本质，一针见血地指出问题的症结，从而说服对方。

俗话说，“公说公有理，婆说婆有理”，人们的角度不同，必然会对问题有不同认识。如果你纠缠于细枝末梢，就很难说清道理；而如果你透视根源，则可快刀斩乱麻，收到奇效。

六、淘汰说理

以逻辑上的选言证法为基础，进行说理论证的方法，就是淘汰说理。

选言证法是一种间接证明方法。它通过确定除论题所指的那种可能外，选言判断所包含的其余可能都是虚假的，从而推出论题的真实性。

七、典型例证

“事实胜于雄辩”，为了说服对方，用事实说话是一种强有力的手段。不过，可作为例证的事实很多，随意所举的例子未必具有说服力，关键是要选取典型例证。

典型，是具有代表性的人物或事件，典型例证就是要以有代表性的事实来证明自己的观点或反驳对方的观点。就辩说而言，典型的选取，既要注意例子的代表性，又要注意针对性。而最根本的是要使对方当场感到你的论据是真实的，论据不容置疑。

八、揉面说服

生面与熟面一起揉，更易和好面。这是生活常识。说理工作也是如此，把尚未解决的问题掺在已解决的问题中进行解释说明，可使难题很快得到解决。这就是揉面说服。

揉面说服的要点是：用对方承认的论据来说服对方。因此，论据要选取对方熟悉的道理，或者选取对方说过的话，以求达到事半功倍之效。

九、喻证说理

事物的属性显现的程度不一，事物的道理有深奥与浅显、隐晦与明了、抽象与具体之分。深奥的、隐晦的、抽象的事理难以理解，如何使其变难为易呢？有效的方法就是喻证说理。

“喻”，指比喻、打比方，喻证说理就是用一事物的性状来比喻另一事物的性状，用“此理”比喻“彼理”。因而，运用喻证说理，以浅显的、明了的、具体的事理来比喻，可以使深奥的、隐晦的、抽象的事理容易被对方理解和接受。

十、诱导劝说

尽管对方言行不当，但直接劝说，容易造成对方的心理对抗，难以说服对方。作为有效的间接说服方式，诱导劝说可以消除对方的对抗心理，以达说服的目的。

诱导劝说是有目的、有计划的诱导，使对方一步步自然而然地顺着你的思路理解，从而接受你的劝说的说理方法。

十一、变换角度

说服对方，有时不能一蹴而就。因为对方的言行，也有其根据，而你未必能一下就知晓，从而对症下药。因此，为了达到你的目的，变换角度是十分必要的。

变换角度就是在说服对方的过程中，要注意从不同角度考虑问题，表达思想。当某一角度不奏效或不对路时，要及时更换新的角度，寻找新的突破口，把说服进行下去。

变换角度的最佳方式是：灵活多变的策略。即你事先应有被对方拒绝的心理准备，并考虑好阐述问题的不同角度，一旦对方表示拒绝，就变换新的角度，再拒绝就再变换，直至达到目的。

例如，国外一青年来到一家公司提出谋职要求：“请问你们这里需要秘书吗?”“不要。”“要采购员吗?”“不要。”“要门卫吗?”“不要。”“那么，你们一定需要这个啰。”他拿出一块牌子，上面写着“本公司名额已满”。公司老板笑了，最后这个人被录用为销售经理。

十二、辩明利害

利益为人所关注，但有时人们不一定能认识自己的某种言行将会对自己利益造成的影响。因而，在说理过程中，让对方明白自己利益所在，从根本利益角度督促、提醒、唤起对方。这就是辩明利害。

十三、寓言说理

寓言是带有劝谕或讽刺的故事，其基本功能是借助比喻，将深奥的道理从简单的故事中体现出来。从春秋战国时代起，寓言就已盛行，诸子百家的著作中都有不少寓言；国外也有许多寓言广为流传。这些寓言为我们进行说理提供了丰富的素材。因此，寓言说理是我们应注意掌握的一种方法。

第三章 依靠外力进行的诡辩

暴力施压

借助武力指在论辩中给对手施加压力，不让对方表达自己的观点，并以武力进行威胁、恐吓，强迫对方接受不合理的观点。论辩在不平等的条件下进行，甚至对峙尚未开始，讨论便因诉诸武力压服另一方接受某种结论而告终。

其主要形式有三种：一是自古而来的“强权就是公理”，这也是帝国主义掠夺瓜分殖民地实行侵略的惯用手法。其中的典型代表是希特勒。

1938 年 2 月初，德国占领奥地利前夕，希特勒假惺惺地主动要求与奥总理许士尼格会谈。当月 12 日，会谈期间，希特勒凶相毕露，恫吓对方说：“许士尼格先生……这是文件的草案。其中没有什么可谈的，我不会改变其中的任何一点，你必须老老实实地在这个文件上签字，在 3 天内满足我的所有要求，否则我要下令向奥地利进军。”

这是典型的借助枪杆子，靠武力进行诡辩，以达到不费一兵一卒侵占他国之目的。

借助武力的第二种表现形式是借助法律权力。法律是意识形态的核心，靠监狱、警察等强力去执行，以武力为后盾。

例如：基督教新教的创始人加尔文 1640 年到达日内瓦后，通过种种手段蹿上高位，建立政教合一的共和政权，制定一整套控制异端的律法条文并附设一个宗教法庭。宗教法庭宣称：人只要还在呼吸，几乎每时每刻都会犯罪。

仅市政厅记录在案的就有：一个自由市民在参加受洗时微笑——

三天关押；另外一个市民，因炎夏困怠而在布道时间睡觉——坐牢；一个男人拒绝给他的儿子命名为亚伯拉罕——坐牢；一个盲琴师弹了舞曲——驱逐出城；一个自由市民称加尔文“先生”而不称“大师”，一对农民夫妇按照古代的风俗，一退出教堂便谈生意经——坐牢，终身坐牢；一个男人玩纸牌——纸牌挂在脖子上，枷颈示众。在所有犯人中量刑最野蛮的是：敢向加尔文政治和宗教上的“一贯正确”挑战的人；一个男人公开抗议加尔文教义的宿命主义，他被残酷地在城中所有十字路口受鞭笞并放逐；一个印书商酒后抱怨加尔文，判处在放逐出城前用热烙铁在他舌头上穿孔；一个名叫雅先的人仅因叫加尔文伪善者：先上拉肢刑，拉掉四肢，然后处决；医学大师塞尔维特写出“基督教的恢复”与加尔文对抗；加尔文一是扣下手稿，二是把他从生死簿上除名“务使他不能活着离开”。终于在1653年10月达到了目的，在火刑柱上用文火烤死了塞尔维特。加尔文靠权力压制当时的言论，不给人说话的机会；靠法庭把想与他争论的人赶尽杀绝。

再一种表现在日常生活中的借助武力的诡辩，即棍棒论据。如家长在教育子女中所实施的打骂方法，什么“不打不成才”“打是亲，骂是爱，不打不骂是祸害”。他们不晓得正确的教育应该是动之以情，晓之以理，在平等的地位上，做好思想的沟通和交流，使对方认识到学习的重要，才能达到预期目的。再有，在日常的辩论中，在日常的口角中，理屈词穷的一方，往往胡搅蛮缠。他们明明无理，但又不甘心失败，于是便口出不逊，进行要挟和威胁，信奉拳头就是真理，“要钱没有，要命有一条”。这种人凭借力气、势力，企图用武力直接威胁对方接受不合理的某种条件，使自己谋得利益。还有，在实际生活中，有的人往往间接地进行威胁，所以常常很难具体指出借助武力的论据在哪儿。有时，一方在辩论中强调没有给听者施加压力：什么“你自己看着办”“这还得你做决定”，听话听音，听者自然明白“看着办”是“照着办”，照对方的要求办，否则说者不会善罢甘休，听者要大吃各种苦头。这也是间接地诉诸武力。

借助武力从直接性上看，是一种强辩，是一种把没有理的事靠武力威胁变成有理的事。但这种区分不是绝对的，强辩与诡辩都是出于辩者的故意，有些强辩也要借助诡辩的手法。

正如一个逻辑学家所说："如果说诡辩是骗子的话，那么强辩就可归结为强盗。正像小偷翻脸变成强盗一样，诡辩和强辩也是互相转换的。"

所以，我们把这一条列入诡辩术之中。

第一种借助武力的方法，实际上说明一个事实，国与国之间的竞争是以实力为基础的，落后就要挨打，弱小国家要保护自己最重要的是策略发展经济，提高综合国力。再就是与其他国家结盟，构成统一战线。对于第二种；则要等待时机，推翻旧的法律制度，剥夺他们的权力，有时也可以以牙还牙。春秋时期的西门豹治邺，就是以权制权的范例：

邺县的巫婆、巫祝、三老串通，借助神权，假传河神娶妇，威逼百姓每年交出美女，抛入河中，给河神为妻，同时自己索要大量钱财。由于打着神权的旗号，百姓无人敢申辩，不敢不从。几年之后，邺城人烟稀少，一派荒凉。西门豹到任后，遍查民风，得知详情，感到只能智取，不能硬除。到了给河神送亲这一天，西门豹假意说"新娘"不够漂亮，劳驾巫婆亲自跑一道，给河神打个招呼，不待分辩，便让武士把巫婆扔入河中，巫婆立即沉入水中。西门豹作出一副恭恭敬敬的样子，伫立河边，似乎静待回音。"怎么巫婆去了这么久？再派个人催催。"一女弟子抛入河中。过了一会儿，西门豹又说，"这弟子去了这么久？再派人催催。"又抛入一人。投下三个人后，西门豹又道："看来女人办事不中用，还得烦三老大人亲自走一遭。"三老也一去不归。此时岸边的那些长老们已吓得心惊胆战。待西门豹再叫把这些人也抛入水中去催时，皆跪地叩头，额血满地，面如死灰。西门豹见好就收："看来河伯留客也太久了，散了，都回去吧。"从此以后，没有人再敢说要为河伯娶妇了。

巫婆、巫祝、三老利用神权，压制百姓，人们不敢申辩，只得远逃。而西门豹则利用行政权力，不让对方分辩。河神能娶妇，巫祝能知此事必然有些神通，下水走一趟吧。这叫以其人之道，还治其人之身。

对于日常生活中碰到的强辩问题，这已经不是理论和论辩的技巧所能回答的问题。那些企图靠力气大、块头重、胳膊粗，靠强力使对方折服的人，则是缺乏修养、人品低下的表现。实际上，他们连构成辩者的资格都没有。

传谣造势

论辩中人们经常可以发现，论辩者拿不出确凿的事实依据进行正确推论时，往往话题一转，把证据转到传闻上；或者论辩一开始就采用传闻做证据运用，诸如："听说是……""据消息灵通人士说……""连上司都这么说……""人们都这么说……"等形式进行论证，均属借助传闻。它是诡辩术中影响比较大的一种方式。

为什么诡辩者要借助传闻？这要从传闻的性质和作用上看。传闻所关注的问题具有大众性。它是围绕人们日常关注的各个问题而形成的，大可到国家的政治、经济、文化各方面，小可到居家生活、柴米油盐、股票、债券、市场行情，传闻涉及方方面面。

传闻具有广泛的传播性。传闻就是流言，一经造出，可以不胫而走，而且是一种放射性传播，可以一传十，十传百，有时加上现代化大众媒体的传播，可瞬间传遍整个地区甚至整个国家。

例如，1993 年 8 月初，美国纽约黄金市场盛传，美国大金融投资家索罗斯要抛售黄金。此消息通过无线电瞬间传遍世界，一天之内，世界黄金市场发生连锁反应，金价每盎司下降二十多美元。

传闻还具有具体性和无法查证性。传闻在流传中会变得越来越具体，时间、地点、人物、原因、过程、结果，如同一篇记叙文完完整整，说的人信誓旦旦，听的人深信不疑。传闻互相传来传去，其起源很难查，事实真相如何，短时间内也无法搞清楚。《法律与生活》杂志曾登载过一篇报道文学说：

1992 年 9 月底 10 月初，四川省青川、平武两县的大山区里，不知从哪里冒出来一股流言，传近来有外地人进山抽取猪苦胆，猪苦胆可以提炼“胆红素”，这东西比黄金还珍贵。人要吃了被抽了苦胆的猪肉，几个月就要死，还要祸及三代，不生儿子，断子绝孙。偷抽“猪苦胆”的人，曾在美国经过特工训练，车子是白色的。他们手拿一根棒，这棒一头是个灯，一头是银针，灯一照人就会昏迷不醒，猪也一样，然后用针插进肚子就会抽走苦胆。这些人为什么这样厉害？是因为省里有大官在跟美国人做生意……

传闻说得活灵活现、生动具体，其实都是以讹传讹，但却能造成很大的社会影响。旧社会统治阶级为维护自己的政权曾有意制造各种人们证实不了的传闻，如历代封建皇帝都被编造成真龙天子，是神的人间代言人，在他们头上罩上一层神圣的光圈，杜撰出种种神迹，以蒙蔽人民，让他们驯服地接受统治。在现代社会，虽然资讯媒体相当发达，信息传递十分迅速，但也还有少数人利用传闻，钻社会转型期市场经济法规和秩序不健全的空子。例如，一些股票大户利用股市信息发布不及时、不全面的空子，散布种种传闻，制造种种“消息”，力图人为操纵股市，造成股价波动，从中渔利。

传闻的大众性，容易引起人们的关注；传闻的具体性，可轻易使人上当；传闻的难以查证性，给诡辩者以可乘之机，借助传闻搞诡辩有一定市场。传闻具有一定的社会危害性，这就要求人们不能掉以轻心，要认真对待。

如何对付借助传闻的诡辩？第一，要掌握足够、必要的自然科学和社会科学知识，要有正确、健全的头脑。流言止于智者。你是股票投资者就要熟悉股票运行的过程，股价波动的起因，这样就不会人云亦云，轻易跟随传闻跑。第二，要有健全的判断、识别能力，在论辩中，能从论辩者所提论据的形式和内容上识别出是否为传闻。如果发现对方以传闻为论据，应及时指出对方使用的手法，并断然中止辩论。

有时传闻也可以用于正面应用，轰动世界的“伊朗门”事件，就是伊朗当局利用传闻精心制造的，其过程如下：

1985 年 1 月 25 日，伊朗的高层人物进入德黑兰的一所秘密寓所，参加一次非同寻常的会议。

会议的主持者在平静地分析了两伊战争形势后说：“我们急需武器和零部件战胜伊拉克，从苏联人那里指望不到，我们必须设置圈套，诱使美国佬主动提供武器给我们。”他进一步说明了这个计划：关键的一步是在美欧等地的伊朗反对派中散布霍梅尼重病，可能不久于人世，以及权力之争已经在酝酿的传闻，布下诱饵。

这些伊朗人摸透了美国人的心理，美国人一向看重伊朗在海湾地区的地位，一是伊朗有丰富的石油；二是伊朗在宗教上对阿富汗、巴基斯坦和苏联信奉伊斯兰教的民族具有潜在影响，这都使美国人垂涎欲滴。遗憾的是在 1979 年霍梅尼上台后，美国失去了伊朗这个盟友，失去了在这一地区的地位，失去了由伊朗向阿富汗反政府军提供军事援助的重要通道，也使美国情报部门丧失了在伊朗监听苏联情报的据点。就美国而言，急切想推翻霍梅尼，扶植一个亲美政权。伊朗人正是利用这一点下了赌注。

伊朗人对这个圈套的成功深信不疑。几经讨论，他们又确定一位叫卡鲁比的议员执行此项计划。此人精明能干，其弟又与伊朗恐怖组织有染，因而人们认为他与现政权有隙。

卡鲁比不负众望，很快与伊朗的大军火商制订了有关武器购买计划，透露了伊朗要购买二十五亿美元武器的意图。有关伊朗的传闻和准备购买武器的报告送到了美国安全顾问麦克法兰的办公桌上，这位对里根具有很大影响力的人物对此很感兴趣。随后，在 1985 年 7 月上旬，卡鲁比和伊朗在西德汉堡的大军火商代表、以色列外交部办公厅主任及两位军火商举行会晤。会谈中，卡鲁比把伊朗有意制造的传闻又做了发挥。他分析了霍梅尼死后伊朗的局势，预示伊朗将会四分五裂，成为第二个黎巴嫩。整个分析高屋建瓴，具有一种大家气派。为加重自己讲话的分量，卡鲁比还有意披露了伊朗在欧洲和中东的恐怖活动网。这一切都使对方深信不疑，没过二十四小时，这次会谈的纪要就出现在白宫的诸多办公桌上。

事情的进展果然像伊朗人预料的那样，美国人对伊朗故意散布的传闻深信不疑，他们轻易相信对伊朗提供武器有助于伊朗新势力推翻反美宗教领袖霍梅尼的统治。美国、伊朗和以色列三方开始正式会谈，里根迅速批准了由以色列向伊朗运交第一批军火。8月下旬，整整一百枚美制“陶”式反坦克导弹运到伊朗。伊朗人欣喜若狂，这批导弹大显神威，使伊朗人有实力大举反攻。此后，美国武器一批批源源而来，解了伊朗的燃眉之急。美国人蒙在鼓里，还很乐观地认为，伊朗的局势很糟糕，伊朗人仍然亲美，想同美国对话，有的军界领导人甚至还希望同伊朗军方讨论相互的战略问题。然而，这不过是美国人的“单相思”，因为八十五岁高龄的霍梅尼毫无死亡之虞，仍牢牢支配着伊朗的一切。

伊朗人以传闻为诱饵的计划大获成功，他们笑了。而号称西方世界的领袖，拥有庞大情报网的超级大国美国竟没有识破伊朗人所设的圈套，使人不能不怀疑美国人的能力，美国的国际影响骤然下降。

狐假虎威

1993年4月20日，美国得克萨斯的狂热邪教首领大卫·科里什及其信徒集体自焚。自焚时的熊熊烈火、滚滚浓烟出现在世界各地的电视荧幕上。人们在震惊之余不禁要问：大卫靠什么引诱这么多人跟随他一起自焚?

原来他们是一伙极端相信和宣扬“世界末日”的邪教信徒。邪教狂热崇拜巫术，大卫教就是以具有精神诱惑力的大卫·科里什为领袖，以狂热崇拜的心灵巫术为纽带，以一定的祈祷仪式作维系的一个共同生活群体。群体中领袖是中心，大卫·科里什之所以能居此高位，源于借助上帝的权威。他自幼对宗教着迷，功课极差，高中都没毕业，但他有一样“超能”：背诵《圣经》中冗长的句子。他在辩论中引经据典，背出有说服力的经句，往往因此取胜。他宣称："如果《圣经》是真的，那我就是基督。"他以自己对《新约圣经》末卷启示录的诠释作教义，称他所说所作的一切都是上帝的旨意。令人费解的是，那些信徒却信以为真，盲目服从。

其实，大卫·科里什的手法并不高明，只不过是诡辩论中的借助权威之法。借助权威是指论证或反驳某个观点的正确或错误时，不是从这个观点本身出发，依据事实材料或理论材料作论据，加以推理和判断，而是只靠引用书本或只靠引用享有一定威信人物的"大名"或其言论去代替对论题本身的论证来得出结论的方法。由于书本也是人作的，因此又称此种方法为"以人为据"。

引用书本或借助权威的言论，并不都是诡辩，有时引用得恰当，还能增加论证的分量和说服力。关键是正确引用，而不是滥用。正确引用有两条原则：一是要因时、因事、因地的引用，二是引用在所讨论的问题上确实学有专长的专家学者的言论。那种一切都"唯上""唯书本"，搞类似"两个凡是"的则是滥用权威。

借助权威充分利用了人们对权威的依赖和崇拜感，影响很广。儿童时家庭是活动中心，父母说的就是真理；少年时进入学校，对教师说的佩服至极；青年时代逐渐走向社会，歌星、影星是他们崇拜的对象、追随的"偶像"。人们在不同时期转述他们的话，拿他们说事，这都是不自觉地借助权威。

随着市场经济的发展，广告业蓬勃兴起，借助电、光、声、像的现代媒体深入到千家万户。广告制作人在设法推销厂商的产品时，对人的本性做了充分研究，把大批"星"级的俊男靓女推到人们面前，搞示范效应，以推广各种商品。这本来无可非议，但有些广告借明星之口评价所推销的商品并不都好，却利用明星的效应诱使大家购买，则是利用权威，借助权威诡辩的手法。其理由非常简单，尽管他们是各路明星，但隔行如隔山，他们对所推销的商品的了解与平常人一样，并无高明之处，并不是真正的权威。

就是真正的权威，也会有谬误。形式逻辑的奠基人亚里士多德学识渊博，著作丰富，被誉为百科全书式的思想家。然而，能不能因为他是亚里士多德，就断言他说的一切都正确呢？显然不能。实际上他也是谬误层见叠出。作为生物学的首创者，对人体的各种经络的存在他并不知道；动脉和静脉，他也不加辨别；脑子，他视为一种降低血温的器官；他相信男子头盖骨的骨缝要比女子多些；他相信男子的肋骨每边只有八条；他还相信女子要比男子少几颗牙齿。一直到中世纪经院哲学家们还如此主张。当时解剖学家为消除亚氏的谬误，特别邀请经院哲学家亲眼看看解剖的人体，他们看后的结论是："我看到了这一切。但是，假如在亚里士多德的著作里没有与此不同的说法，那我一定会承认我看到的这一切是真理。"他们只相信权威，而不相信眼前的事实。

对搬弄权威搞诡辩的人，不能姑息迁就，更不能随声附和，应该顺藤摸瓜，找出其逻辑错误，问倒他，或用事实驳斥他。

清朝思想家戴震，十岁时靠此法问倒了借助权威的老师。有一次，老师讲授《大学章句》，讲到"右经"一章时，戴震问老师："怎么知道这是孔子的话由曾子转述，又怎能知道是曾子的意思而由他的学生记下来的呢？"老师回答："这是朱文公（指朱熹）所说的。"戴震又问："朱文公是什么时候的人？"老师说："宋朝人。""孔子、曾子又是哪个时候的人？""周朝人。""周朝和宋朝相隔有多少年？""将近二千年。""那么朱文公怎样知道两千年前曾子转述过孔子的话，曾子的意思又是学生记下来的呢？"老师再也无言以对了。

当时的事实如何，我们不去考究了，但小戴震这种不迷信老师，不迷信权威，逐步刨根问底的方法，今天对我们反击借助权威的诡辩却仍有意义。

鼓吹传统

传统，是由历史积淀沿传而来的思想、道德风俗、习惯、艺术、制度的总称。传统作为中性词，是事实陈述。它本身既包含着适合时代发展的优良传统，又包含着已经过时、需要扬弃的旧的风俗。而诉诸传统作为诡辩术之一，其基本理论特征：一是把本是事实陈述的传统价值化；二是把随时代变化的传统凝固化；三是对传统顶礼膜拜复古化。这种诡辩法主张：凡是已经存在的，都是合理的；凡是合理的，都是有价值的；凡是有价值的，都是应该照办的。也就是社会无论怎样发展变化，祖宗之法都不能违。

我们不否认，中华民族在几千年的文明发展史上曾凝聚出今天仍有一定价值的优良传统。这些优良传统在今后还应发扬光大，对此，我们不能采取民族虚无主义。同样，也不能否认长期的封建统治，使得我们的传统中渗入大量不适合现代社会发展的糟粕。这些糟粕不能因其存在的时间长，就肯定其价值高。三从四德 “好女不嫁二夫”，从孔孟时就开始提倡，已有两千多年了，但却是妇女解放的精神紧箍咒；妇女裹脚也有上千年历史了，事实是对妇女肉体的残害，把人视为动物对待。即便是那些诉诸传统进行诡辩的人，他们现在也绝不愿意再回到与世隔绝、日出而作、日落而息的时代；他们也绝不愿意脱下花花绿绿的时装，再穿上长袍马褂，留上长辫子，说起“之乎者也”，回到十分地道、纯真的“传统”生活中。

大思想家黑格尔曾说过：“凡是现实的都是合理的，凡是合理的都是现实的。”这一理论为我们指出了如何正确对待传统。传统在历史上有过合理性，所以它存在过，但现实不是历史。现实中，传统习惯有些部分已没有了合理性，就不应在现实中再存在了。依此，过去有的、过去有价值，现在未必还应有、还有价值；过去没有的，现在未必不能有。冷气机，过去没有，乾隆的时代要避暑，只得到承德去；现在有了，有其价值，安上冷气机，家中就可避暑。现在没有的，将来未必不能有。所以，诉诸传统只会使我们故步自封，不思发展，必然要自我陶醉，夜郎自大。

打感情牌

物以类聚，人以群分。

生活在现实世界中，必然要形成各自的交往圈。人有复杂多样的情感，对不同的事，有不同的喜怒哀乐；对同样的事，有不同的认知。正所谓“爱屋及乌”“情人眼里出西施”，这是人的情感不自觉使然，不应非议。历史上或现实中也有一些人在自己有所立论或反驳他人的主张时，不是在理论的逻辑基础上论证自己的观点或他人的主张是对是错，而只是任凭个人的好恶情感为尺度和论证的根据，任意决断事实或驳斥他人之理论观点。这种自觉运用情感，去左右自己的判断、推理，就属于诉诸情感的诡辩。

近代欧洲有个思想家曾说过一位神父和一位多情夫人的故事：

他们听到人家说，月亮里有人居住，他们相信这句话。于是这两个人手里拿着望远镜，努力侦察月亮里的居民。夫人首先说：“要是我没弄错的话，我看见了两个影子，他们互相偎依着。我觉得毫无疑问，这是一对幸福的有情人……”神父答道：“哎呀！夫人，您搞错了，真是，您瞧见的这两个影子是一座大礼拜堂里的两口钟。”

多情夫人说他们是一对情人，并不是依据事实本身，而是依据自身的多愁善感，来左右对对象的判断；神父也被自己执迷于宗教的情绪影响到对对象的看法。

争论的双方依据盲目的感情、情感，容易置事实而不顾，陷入诉诸情感的诡辩。

现实中也不乏以好恶来判断是非的例证。和自己亲近的人，不管说的是什么，几乎都是“真理”，全力赞成、支持之；和自己疏远的人所说的，得要琢磨琢磨；对自己有敌意的人，只要一说出来，准无好话，全是歪理，要全力戒备、提防之。这就是将判断诉诸情感了。

再就是政治家们利用情感诡辩作用于社会群体的社会心理过程中，它常常出现在选举活动、政治集会和宗教集会中，以控制操纵人们的情绪。比如反对移民到本国的政治家们，只要说出自己民族的整体利益正受到危害，而且大批移民涌入导致房价上涨，就足能激起本民族人们的支持。这些人不必摇唇鼓舌大谈事情的原因、结果，只要煽动起群众的情感就足够了。

事实说明，人是有情感的。情感是意识的重要部分，有着重要的作用，“没有激情，任何事业不会成功”，但不能让情感冲昏了头，让情感代替理智。情感缺乏理智的指导，就要陷入诡辩的泥潭，轻则不辨事实真假，重则祸国殃民。

博取同情

怜，这个字在古汉语中首先作“爱怜”“爱惜”解；然后才是怜悯、同情。诉诸怜悯的诡辩有两种：一是利用对方或听众的爱惜心、爱怜心作为支持自己论点的论据，以达到自己的目的；二是利用对方或听众的怜悯心、同情心，使其接受自己不正确的观点，以摆脱、逃避困境。这两者通过一个“怜”相连，既是一而二，又是二合一。从爱怜入手，不难转为怜悯同情，前者是基础，后者是结果，二者可由此及彼，转化相通。

怜悯与人类共存，诉诸怜悯的方法运用也源远流长。

杨贵妃曾经因妒忌吃醋而出言冒犯唐玄宗，惹得龙颜大怒，不顾夫妻情分，一挥手令高力士用辎车送她回老家，不准回宫。杨贵妃登车伊始就悔恨不已，涕泪双下。情急中，剪下自己一绺头发交予高力士，说：“珠玉珍奇之贵，本为皇上所赐，留给皇上不足以表达我的悔恨与思念。只有头发是父母所生，是我自己身上的东西，可以用来传达我的心意，希望能为我表达哪怕是一丝的爱恋诚意。”玄宗收到断发，睹物思人，顿生爱怜之心，旋即令高力士接贵妃回宫。

杨贵妃不教自通，通过断发一绺，不讲一词，引发接续出恩爱之情。这可称作诉诸怜悯的一种类型。

宋宁宗时，一官欲极强的小丑程松为达目的，也曾导演过一出诉诸怜悯法之谄媚计。

“松自塘县不二年为谏议大夫，满岁未迁，殊怏口。得市一妾献之，名曰：‘松寿。’侂胄曰：‘奈何与大谏同名？’答曰：‘欲使贱名常达钧听耳！’侂胄怜之，遂除同知枢密院。”（明·萧良友《龙文鞭

影》)

程松送礼送出了名堂，送了个活生生的美姬，给她取了一个与自己同字的松寿为名字，明看是人名，暗含松献之礼物。此人入韩府，使韩相公日日见面，每每呼之，必时时见人思谊，见人思情，想起背后的送礼人，顿生爱怜之意，涌起怜悯之情。于是手令一纸公文，擢升程松至枢密院任职。程松靠迂回曲折的怜悯之术，达到自己升官发财之目的。

当一个人在危急时刻，处在束手无策之时，为保护自己也常常诉诸怜悯，装出一副可怜相，以换取对方的同情。

战争时，许多败军官兵被俘虏，投降时都会喋喋不休地说，“我上有八十岁老母卧病在床，下有嗷嗷待哺的儿女不能自理，可怜我一家老小，放我一条生路”。

很显然，俘虏们说的话正是乞求怜悯的手法。

这一方法也常用在法庭的论辩中。最早提到把怜悯术用在法庭上的是古希腊时期的苏格拉底。柏拉图在回忆其老师苏格拉底受审判的文章中记载了这件事：

苏格拉底为自己作了种种辩护之后说：“这些和其他类似的话大致就是我所要申辩的了。或者你们之中有人会恼羞成怒，回忆自己以往为了一场小官司，涕泪满脸哀求审判官，还带了儿女和许多亲友来乞情；而我不做这种事，虽然明知自己到了极危险的地步。也许有人怀此恼羞成怒之感，向我发泄，带怒气对我投一票。你们若是有人存此心——我估计不会有；如果真有，我想对他这样说不为过分：好朋友，我也有亲属，如贺梅洛士所说的‘我并非木石’，也是人的父母所生；我也有亲属，雅典人啊，我有三个儿子，一个几乎成人了，两个还小，但我不把任何一个带来求你们投票释放我。我为什么不这样做？雅典人啊，我不是有意拗强，也不是藐视你们。我对死有勇与否，是另一个问题，为你、我和全国的名誉，我认为这样做无耻。”

从这段引文看出，诉诸怜悯、求得同情是当时法庭审判的惯例。

涕泪交加的叙述，妻子幼儿的苦苦哀求，对那些充满同情心的法官有时真会起些作用，使他们忘掉罪犯的犯罪事实而网开一面。正由于有此作用，才不断有人如法炮制直至今天。然而诉诸怜悯，无论说得如何真切、动听，如何打动人心，这些同一个人是否犯罪，犯了什么罪，应怎样定其罪，并无联系。法律是理性的，是依据于事实，不能因杀人犯是孤儿就不判其死刑。

从这段引文还可看出，苏格拉底是视死如归，他并不想采用当时人们惯用的怜悯之法为自己开脱，以求从宽发落。苏氏这种行为纯出于烈士气概。烈士之所以为烈士，就是临难之际　生路摆在面前，只要稍屈，尽可免死，然而烈士宁死不屈也。

怜悯之法作为诡辩术本属诉诸情感之列，但它有深入解释之处，运用也比较广泛，所以我们又单列一条目说明。

误导想象

联想，是由一事物想到另一事物的心理过程。联想，可以靠空间上或时间上相接近的事物而形成，如看到某人穿过的衣服而联想到某人；可以靠有相似特点而形成。联想在认识中具有重要地位。但联想也可以被利用，成为诡辩者自己立论或驳斥他人主张的一种手段。这种手段不在理论上论证观点的正误，而只是靠事物表面的相似特点，以联想作立论的根据。

1992 年 11 月，上海出现的数万人争购“美国土地证”的狂潮，是这一诉诸联想手段的注解。事情的经过是这样的：

1992 年 10 月，上海某大学教授出差深圳，买了一份美国土地证。归来后，他把这项活动介绍到上海，于是好戏开演了。

11 月 14 日晚上七时许，上海仙乐斯剧场门前的广场上开始聚集起一条人流。这天上海各大报上，都登了一条简短的消息：“你想拥有一片美国土地吗？本市公开发售产权。花 2188 元，即表明你在全美五十个州各拥有一平方英寸土地。”

凛冽的北风未能吹散上海人喜欢凑热闹的特点。晚上十时许，人已集满广场。但是，土地证要在第二天早晨才出售。忽然，一阵骚动，队伍大乱。警方紧急出动，警察局副局长坐镇指挥。事后得知，一大批“黄牛”此时加入进来。当夜，副局长不得不从中协调，先发出二千张预约券。

第二天早上八时半，每张预约券炒到八百元，中午高达一千五百元。傍晚时分，已售出的美国土地证炒到了五千元一张。

11 月16 日，第三天。这是“美国梦”做得发昏的一天。从早到晚，炒价分分秒秒地上涨着。到傍晚，每份土地证突破两万元大关，人们仍然不肯轻易抛出。此时，仙乐斯广场上，一张张面孔因兴奋而扭曲，一个个谣言飞快地传递。其中最使炒客们亢奋的谣言是，每份土地证最终将到五万元价位。除了谣言制造者，所有人对此坚信不疑。

为遏制“黄牛市场”，上海德康典当公司与出售“土地证”的单位联手拍卖第二批三千份美国土地证，只可惜已是明日黄花。极度的疯狂，是不能用一根丝线把它拴住的。土地证炒卖的热度，也不能用一桶冷水把它浇灭，人们必须付出代价。

毫无疑问，在这场闹剧中，“黄牛”是真正的导演。据圈内人士透露，是他们大宗收进，又在炒价达到万元时大宗抛出，狠狠捞了一把，随即迅速撤退。而那些随风走的中小炒客则在谣言的驱使下，傻乎乎地“接盘”，以致被“套牢”，损失惨重，欲哭无泪。

闹剧早已收场，但其产生的原因却还有追寻的必要。应该说，这场大起大落的炒卖活动是那些大“黄牛”运用“诉诸联想”的诡辩手段煽动起来的。

首先，上海是东西方文化交融的城市，受外国文化影响很深。东渡日本打工，南下澳洲淘金的热潮持续不断。上海的出国热潮远高于广东的深圳、惠州，以及海南。因此，在南方上述城市发售美国土地证未能掀起如此高的热情。而上海就不同了，有一批做着“出国梦”“美国梦”的人，他们梦想出国却又出国无门，他们想尽一切办法实现自己的愿望。这些人虽然只是少数人，但却是舆论关注的重点，也是“黄牛”们得以兴风作浪的基础。

其次，新闻媒体为“黄牛”们诉诸联想的诡辩提供了条件。当买卖美国土地证的种种说法流传，甚至有人怀疑这份美国土地证的真实性时，媒体上赫然出现了“拥有一片美国土地是骗局吗?”的文章，其言下之意，读者自明；也有的报纸斩钉截铁地说：“美国，买的不只是一梦。”那么买的是什么？人们议论纷纷，引起大众的注意力。再加上新华社 11 月 10 日电：“拥有一片美国土地者，不可以在这块土地上开发建设，但可以永远拥有，自由进出。”这就为诡辩者制造舆论提供了进行联想的基础。

于是，作为诡辩者的“黄牛”们行动了，“买了美国土地证，也就是买了一张到美国去的签证”的消息，鼓舞起无数人的热情。经销商数次在经销点贴出否定这一消息的布告，但是贴出一次被人撕掉一次。消息不胫而走，人们蜂拥而来。土地证有限，需要者人多，价格自然节节跃升……

其实，所谓“永远拥有，自由进出”这句话只不过是美国土地证的制造者摩格写在那份地契上的原话。按英文表述，所能“自由进出”的只是你所拥有的大小不过只有 50 平方英寸的土地，本意绝不包含着可以“自由进出”国境的含义。但诡辩者们可不管这些，他们从可以自由进出所拥有的这块土地，一下子联想到可以“自由进出”这块土地的所在地美国国境了。这样的联想，对于那些日夜盼签证而又无计可施的人，自然更是深信不疑。他们对极其微小的可能都抱着极大的希望，自然更不会放过拥有一片美国土地的机会，更何况买了这块土地还可以得到“永远拥有，自由进出”的权利。

故意抹黑

辩论要有双方的参与，双方都处于平等的地位，经开始阶段、论辩阶段、结束阶段，以达到消除争论。而人身攻击法则是为防止对方成为争论的有力对手，在开始争论的阶段，即将攻击的矛头从争论的论点转移到提出论点或疑点的人身上。人身攻击是通过诋毁对方的道德品行，污辱对方人格，贬低对方的技能、才智及至丑化对方的出身、职业、长相等手段，使对方失去信誉。处于被攻击的对方仍然可以发表意见，但是实际上他已经被剥夺了说话的权利。这种攻击不是说服对方，而是说服第三者听众。这是一种十分常见的诡辩术，也是一种手段十分恶劣的诡辩术。

科学史上对达尔文进化论及其理论的保卫者赫胥黎的攻击就是一个典型例子。达尔文的《物种起源》发表以后，在西方引起极大轰动。书中的进化论思想彻底动摇了上帝创世说、上帝造人说，并打破了人和动物不可逾越的鸿沟，引起教会的激烈反扑，在英美等国进行了长达十年的辩论。其中最激烈的辩论发生在1860年6月30日的牛津大学图书馆。这天，号称最有辩才、最聪明的牛津大主教威尔勃福斯亲自上阵，企图一举驳倒进化论。而站在保卫达尔文学说最前列的是年仅三十五岁的赫胥黎。辩论中，威氏先作了长篇演说，先是肆意歪曲达尔文的理论命题，提出蘑菇就是人类祖先的浅薄问题；后又改变话题，抛开蘑菇就是人类祖先的无知问题，直接攻击赫胥黎：

“赫胥黎教授就坐在我旁边，他是想等我一坐下就把我撕成碎片。因为照他的信仰，人是由猴子变的嘛！不过，我倒要问问：你这个猴子子孙的资格，到底是从你祖母那里得来的，还是从你祖父那里得来的呢?”

很明显，威氏大主教玩弄的是在庸俗地理解“猴子变人”掩盖下实施的人身攻击术。

听罢主教的演说，赫胥黎冷静、严峻地批驳了对达尔文学说的歪曲。他坚定地宣布达尔文学说并不是大主教所说的只管猴子变人，而是对自然现象的科学解释。达尔文的书充满着大量可以证明生物进化的事实，没有别的学说比达尔文的解释更合理的了。最后赫胥黎严正回击了威氏的人身攻击：

“我断言——我重复地断言，要说我起源于弯腰走路、智力不发达的可怜的动物，我并不觉得羞耻；要说我起源于那些自称很有才华、社会地位很高，却胡乱干涉自己所茫然无知的事情，任意抹杀真理的人，那才真正的可耻！”

人身攻击不仅发生在面对面的争论中，还可以出现在争执的文字之中。那个以创立悲观厌世思想而著称的德国人叔本华，就曾在他的书中留下了不光彩的一页。

叔本华在1818年满怀信心地出版了《作为意志和表象的世界》，结果只卖出百十本。到柏林大学和黑格尔同时开讲座，结果听众没超出三个人。此事使叔本华火冒三丈，在这本书的第二版序中还愤恨不消，大骂柏林大学是土匪窝，费斯特、谢林、黑格尔三人的思维方法的真名实姓是“瞎吹牛和江湖法术”，三人全是“著名诡辩家”。尤其是对黑格尔更是恨之入骨，把黑格尔比之为“精神上的珈利本”（莎士比亚戏剧《暴风雨》中最丑的鬼）。大肆咒骂追随黑格尔思想的人是白痴，黑格尔的思想是“虚伪的、恶劣的东西和荒唐的、无意义的东西”的混合物。叔本华把黑格尔本人及其老师骂得一无是处，把黑格尔的思想贬为诡辩术、江湖骗术，其目的无非是抬高自己，其结果只是暴露其人格上的伪君子的面孔。

日常争辩过程中也常有类似的例子。有些争论者在理屈词穷之时，便会说：

“你算老几？一脚没踩住，蹦出你这个无名鼠辈来。”

“凭你这狗头蛤蟆眼样，狗嘴里能吐出象牙来？”

“看你那穷酸酸的小样，胸无点墨能说出个什么四五六，一边待着去吧！”

“看你那德行，不知羞耻，还觍脸出来讲话！”

上述所列各说法均与辩论论题无关，全是诬陷　人身攻击之词。一个人生理上的缺陷和五官的相貌与一个人的观点正确与否并没有必然关联，更不能因为一个人有某些身体缺陷而剥夺他的发言权；以人的身体的特殊和特点去肆意攻击嘲笑，只能证明嘲笑者人品低下。

人身攻击法损害了正常的辩论程序，使争论处在非理性状态。争论中发现对方进行人身攻击时，一要及时揭露对方的手段，二是立即中止辩论。

第四章 把握辩论技巧的实质

窃取论点

预期理由，指在证明过程中，把自身尚待证明的判断作为证明论题的基本论据，又称“窃取论点”。

证明过程是通过论据的真实性证明论题正确性的过程，论据是证明论题真实与否的基础、支柱。预期理由中的论据由于自身尚待证明，论据在眼下只是预测、假设，既不能说它是真的，也不能说它是假的，它的真假还要待将来经实践检验。所以，用这样的论据去证明论题，不符合论据要真实的论证规则。

几十年来，飞碟（不明飞行物）在世界各国引起许多人的强烈兴趣，全世界有几十份杂志专门报道对此事的研究，许多科学家提出大量的研究报告并提出种种假说。有的人认为飞碟具有极佳的性能，超出现在人类的设计制造水平，是外星球来的飞行器，以此为理由断定外星球上存在着“宇宙人”，而且其智慧远远胜过地球上的人类。但是，对飞碟是外星球来的飞行器这件事，即使是具有高性能的空间探测器，虽已观察探索几十年，至今也还没有找到确定的证据。

所以，以外星球存在着高智能的“宇宙人”的论题作为论据，犯了“预期理由”的错误。

1991 年 10 月，美国麻省理工学院博物馆和《不可再现成果》杂志联合举办了第一届“搞笑诺贝尔奖”评选颁奖仪式。物理奖授予麻省理工学院的托马斯·凯尔。据说他发现了一种由 1 个中子、8 个辅助中子、35 个副中子和 256 个副辅助中子组成的现有元素中最重的元素，其结构与理由说得绘声绘色、信誓旦旦，但至今还没有第二个人找到这种根本不存在的元素。

化学奖颁给法国国家卫生和医学研究所的雅克·本维尼斯特。因为他于1988年在英国《自然》杂志上发表文章，断言水对溶入的物质有记忆力，给水这种最简单的化学物质强化了智能属性。但这种说法至今人们还不能证实。

这两个都犯了“预期理由”的错误，成为人们讽刺的对象。这个事实告诉我们，在科学领域进行研究，一定要脚踏实地，一丝不苟，来不得半点臆想和虚构。

以其人之道 还治其人之身

作为诡辩术的以眼还眼法，是指一方运用种种非正式论辩手段，试图禁止或阻碍对方自由表达自己的观点，而对方也不甘示弱，以同样的方法予以回击，造成互相攻击。运用此法的双方都企图防止对方成为讨论的严肃对手，通过互相诋毁对方的诚实性、道德性、权威性以及应用更秘密的手段，以争取听众。

看下面几个故事：

一天，大副在船上听到消息，说他妻子跟一个男人跑了。他十分难过，借酒浇愁，有生以来第一次醉倒了。

严格、不讲情面的船长在那一天的航海日志上写道：“大副今天喝醉了。”

第二天，大副酒醒了，觉得完全不值得为一个不贞的妻子难过。

他看到船长写的航海日志后提出强烈抗议，说这个记录假如不加解释，会断送他的前程。因为这使人觉得他常常酗酒，而事实上他以前从来没有醉过。

但是，船长不为所动，坚称航海日志记录的都是事实，所以不能更改。

第二个星期轮到大副记航海日志了，在这个星期的最后一天，他写了这样一句话：“船长今天没有喝醉。”

在这个故事中，船长和大副可谓是针尖对麦芒，你对我不仁，偶尔过失都不放过，写上“大副今天喝醉了”，言外之意是大副喝酒；我对你也不义，也给你记上一笔“船长今天没喝醉”，个中之意是过去天天喝醉，此招更厉害。

明人解缙曾写过一副“墙上芦苇，头重脚轻根底浅。山间竹笋，嘴尖皮厚腹中空”的著名对联。据说他自幼好学，后成大才子，秉性刚直，才思敏捷，出口成章，常用诗文嘲讽为官不仁者。一次，一个当朝权贵蓄意当众讥笑他，就出了一句上联要他对对子。这上联是：“二猿断木深山中，小猴子也敢对锯（句）。”这句隐含着讥讽解缙是野居深山没见过世面的小猴子，怎会上大台面对对子，想给解缙以难堪。哪曾想解缙不假思索，当即“以牙还牙”：“一马陷足污泥内，老畜生怎能出蹄（题）。”这句下联也隐含着“你是陷足污泥的老畜生”，都难保自身的性命，还能出什么蹄（题）。解缙的下联对得含蓄，回击有力。

这种“以眼还眼”的诡辩法在现实中也不难发现。小孩子对骂和动手打架，大人问其骂人或打架的原因，小孩子辩解时常说的口头禅不是“谁叫他骂我了”就是“谁叫他先打我了”。对方先骂人或先打人不对，但由此不能证明，你以同样的手法回敬对方就对。小孩的如此做法，一方面是受家长的影响和不良教育所致，一方面也是受到社会上存在着的这类现象的熏陶。在拥挤的公共汽车上，人们可经常听到看到这类现象，被挤者常说：“挤什么挤，没看到人都满了，没地方了！”急于上车的人说：“怕挤！那就下去，坐计程车去！”就此一场对骂开始了。争吵的双方都不想退回一步，没有互相谦让的精神。他们所运用的就是这种不讲道理的“以眼还眼”法。

运用“以眼还眼”的方法进行争论，根本于事无补，所达成的只能是暂时终止争论，而不会消除争论。由于意见分歧仍存在，有可能导致更不文明的场面，乃至走上违法犯罪的道路。

恶人先告状

这是最常见的诡辩法，是说辩者明知己错非但拒不认账，还故意伺机推脱，进而倒打一耙，指责对方。例如：

某餐厅有一女服务员能言善辩。一天在餐厅大门口拾到一只手表，拒不交公。服务员甲劝说道："我们的《工作守则》里有一条，'拾到顾客的东西要归公'，你难道忘记了？"女服务员回击说："你不要问我有没有忘记《工作守则》，先问问你自己记没记清楚《工作守则》。《工作守则》里写得明明白白：'在餐厅里面拾到顾客的东西务归公。''餐厅里面'的范围不包括餐厅大门外，我是在大门外拾到的。可惜你这么大个人，竟连里外都分不清。我觉得奇怪的是你引用《工作守则》中的这一条好像是说：这只手表是顾客遗失的，掉在餐厅大门外的地面上，你怎么知道是顾客遗失的，而不是过往行人遗失的呢？是你亲眼看见顾客遗失的，为什么不当时喊住他？这不能不令人怀疑，你是不是想据为己有而慢了一步，被我无意间得了？唔，我现在明白，你为什么咬住我不放啊！"服务员乙气不过，也插言道："你说拾到东西不归公不犯法，我说不归公就是犯法，要绳之以法。"该服务员回击说："哎呀！'绳之以法'这四个字就吓得我半死。不过请问：我违犯了《刑法》第几条第几款？拾了东西不交公，要判徒刑多少年？是有期徒刑还是无期徒刑？"

女服务员捡到手表想据为私有，明明有错，但她却依据歪理，在字句上大做文章，拒不认账；进而得空就钻，任意联想，转守为攻，说别人有罪，对甲、乙两个服务员倒打一耙。

对这类人，既不能姑息迁就、任其所为、否则就败坏社会风气；也不能简单地硬碰硬的对攻，这样不能解决问题。怎么办？不妨采用苏格拉底式的辩论术，即从原来双方都接受的一般观念出发，通过迂回曲折之路，渐入正题，诱使对方承认自己的错误，达到正确结论。

还有一种人，犯罪之后竭尽狡辩之能事。

例如，有的盗贼被抓住后辩解说："我偷他们东西，也不能全怪我，谁让他们不把自己的东西看管好，我的罪责应该由他们分担一半。"

有的登徒子调戏妇女后拒不认错，辩称："谁叫她长得那么美。她的容貌和体态对我产生了一种无法抗拒的诱惑。存在决定意识嘛，我犯了罪的根源在她。"

这类人运用的也是倒打一耙的诡辩，纯属强盗逻辑。这类人对社会危害更大，无须同他们进行"理论"纠缠，抓住了事实，依据法律进行惩罚，就能让他们闭口了。

当然，倒打一耙运用得好，还可制造出幽默，丰富人们的生活。明人冯梦龙在《笑府》中，讲了一个笑话。

一匠人装门闩，误装门外。主人骂为瞎贼。匠答曰："你便瞎贼。"主人曰："我如何瞎？"曰："你有眼，怎么叫我瞎装？"

全面论述　不走极端

一、以全概偏

以全概偏和以偏概全是两个对立极端。以全概偏，是把某种一般性、普遍性的结论不加分别，不考虑时间、条件、地点，简单地套用到个别的特殊事实上，这种事实在此类现象中具有偶然、例外的特征，这就是以全概偏。

比如，康德在《道德形而上学》一书中，对于"人不能说谎"这个通则就举出过"有时人可以说谎"的例外的例子：在病人患了绝症时，为了不影响病人的情绪，医生和病人家属应向病人隐瞒病情，这种说谎是允许的。如果不考虑病人患绝症这种特殊情况，便用"说谎是不道德"的通则硬套，这就是以全概偏的诡辩。

以全概偏的诡辩，由于把普遍通则不加区分地随便硬套，结论往往是荒谬而违背常理的。比如以下例子均属以全概偏：

"昨天买什么，今天就吃什么；昨天买的是老鼠药，今天就吃老鼠药。"

"人应以诚待人，不应搞阴谋诡计；在生死相搏的战场上，我们也应以诚待人，对敌人不该搞阴谋诡计。"

"众人拾柴火焰高，人多力量大。世间一切因素中，人的因素第一，有了人就有一切。所以，我们不应节育。"

当然，有时以全概偏也能用来构造幽默。有一则小故事：

妈妈怀孕了，四岁的海柯百思不得其解，他问爸爸未来的弟弟或妹妹是如何生出来的？爸爸向他解释道："先生出头，再生出身子，最后是两条腿。懂了吗？"

"懂了，爸爸，然后你用螺丝把它们组合起来，对吗？"

二、以偏概全

《晏子春秋》中有一篇《晏子使楚》的故事：

齐国的外交家晏子将要出使楚国。楚王听说此人能言善辩，与手下人商议想借此机会羞辱晏子，并制订出一套实施方案。

这天，晏子到了，楚王备酒席款待晏子。酒喝得正高兴的时候，只见两个官吏拖着一个五花大绑的人来到楚王面前，楚王问："被绑的是什么人？犯了什么罪？"官吏回答，是齐国人，犯了盗窃罪。楚王便回头对晏子说："齐国人原来是惯作强盗的呀！"

楚王运用的就是以偏概全的方法，楚王依据被绑的那个强盗是齐国人，推出齐国人都是强盗的结论。所以这种方法只是依据个别的经验事实，或某些特殊的事例就简单地得出某种一般性、普遍性的结论，并进而肯定这个结论也是真实可靠的。不难看出，这种方法违背了推理中归纳概括的合理性准则，貌似有理，实是一种诡辩术。

这种诡辩术有两种表现形式，一种是依据个别、特殊事例，推论出一般、普遍原理。

例如：有人泛举古今中外没进过高等学校的文学家说：外国的高尔基、巴尔扎克、雨果、马克·吐温上过大学没有？中国古代的曹雪芹、施耐庵上过什么大学？结论是高等学校培养不出文学家，文学家是在时代激流中造就出来的。

以上所举的例子是个别情况，所用的方法是简单枚举法。但古今中外的文学家何止千万，从这么大数目中仅举出几个，就得出一般情况、普遍情况，违背了归纳法的准则，结论是错误的。楚王所提的问题也是犯了此类错误，全是以偏概全的诡辩。

以偏概全的另一种形式，是把一整体中局部的特殊性不适当地夸大，当作整体的普遍性。例如，人人皆知的“盲人摸象”中的几位盲人，便把自己摸到的象的部分的特殊性，夸大成象的普遍性。相声“五官争功”中的眼、耳、鼻、舌、口之所以争功，就在于都从各自的特殊性出发，把此特殊性夸大成人的普遍性而争起来的。

这样的事例在文学作品中也不乏其例。法国喜剧大师莫里哀的《贵人迷》中有这样一段情节：

汝尔丹的老师之间发生争吵，音乐老师认为：“没有音乐，国家就不能存在。”舞蹈老师坚持说：“没有舞蹈，人就寸步难行。”二人互不服气，便吵到哲学老师那里，以取得公断。哪料想，哲学老师却借机会宣传：“唯有哲学才是高于一切的，你们俩全不对。”

三个人都强调自己所从事的职业是“国家”最重要工作或“人”所应该干的最重要的职业。他们都犯了把特殊当一般的错误。

在日常生活和交往中，许多人也经常犯这种以偏概全的错误。有人主张多喝饮料好，有人又提出“饮料有害于健康”；有人认为“吃糖对身体有益无害”，有人又分析“吃糖对人体有害”；有人说，“苹果表皮上有农药残留，应削皮而食”；有人不同意道：“苹果皮有丰富的营养不应削掉”，等等。看后，叫人无所适从，吃还是不吃呢？其实这些说法都是各执一个极端，他们没有把握住事物的全面性和整体性。说这些说法均属诡辩，倒也没那么严重，但在实质上这种以偏概全与诡辩也没太大的区别。

要说服以偏概全，就要从看问题的方法上入手，既要看局部，又要看整体，要懂得“横看成岭侧成峰，远近高低各不同”，否则就会“不识庐山真面目，只缘身在此山中”，犯以偏概全之错。

连锁反应

多米诺法来自一种骨牌游戏；把骨牌以适当间距、特定图形竖立在平面上，然后把序列中的首张骨牌故意推倒，结果产生连锁反应，所有的骨牌瞬间内会齐刷刷地按所摆图形倒下去。人们把如同这种骨牌游戏的“一倒全倒”的论证方法，叫多米诺法。

多米诺法强调在一连串相互联系、相互作用的因素中，有一个因素起关键作用。抓住这个因素，事物会向好的方向发展；没解决好这一个因素，就要引发连锁反应，导致“树倒猢狲散”的结局。作为预测未来的推断，如正确使用它，不失为一种深刻的思维方式，能“防患于未然”，能达成预期之目的，能预测出事物的进程。但如果生搬硬套，随处乱用，就有可能成为诡辩术。

在麦天枢等人所著《中英鸦片战争纪实》中，记载了清人驱赶“番妇”的过程。

1830 年深秋阳光明媚的一天，在已有数十万人口的大都会广州，又一艘“夷船”靠岸了。一个英国男子，抱着一个英国女人下船上岸，坐进两顶小轿，悠闲地抬进英国商馆。男的是英国东印度公司新任大班，女人是其妻子。那女人坐在轿上笑语朗朗，毫无羞怯，环顾无忌。

此事一出，舆论大哗。消息以多种途径，以最快的速度，传报到广州城内的总督衙门。总督李鸿章立刻召见中国行商到英国商馆，传谕大班：即将番妇送回澳门（葡萄牙已占据），不然将强行逐出。同时，将发生的事情以四百里快骑报往北京的道光皇帝。

这个大班似是个顽固不化的“蛮夷”，竟然拒绝了天朝总督之令。于是，女人事件一步步向高潮发展。总督派兵丁包围商馆，断绝对英国商馆的饮食。大班则针锋相对，命令卫兵在商馆两旁架起大炮，准备分庭抗礼。紧急之中翻译劝说大班将大炮撤去，形势才有所缓和。我们虽不知“厉声辩诘”的翻译向“始有畏意”的大班讲了些什么，但可以肯定，这位胆大包天的英国大班，从当局不同寻常的坚决反应以及商馆外的汹汹民情中（不时有市民高叫着向英商馆投石子、石块之类），肯定意识到他将妻子带进广州的严重性。大班口气缓和了，托言身患疾病，需人的乳汁作药引子，待病愈后即将妻子送回澳门。李总督不为所动，果断下令“封舱”，断绝与英国的全部贸易。

几个月后，大班终于屈服了，悄悄地在一个夜晚将妻子送到澳门。

李鸿章因此事受到清廷“任事经心”的嘉奖；而那个出借小轿的行商谢治安，则被送进大狱，再也没有出来。

为什么如此一件事，当时竟引起轩然大波呢？这还要从中国社会谈起。自秦朝开始，中国的封建制度延续几千年未断，之所以延续不断是得力于一套独特的注重礼仪的道德传统。这套礼仪性传统把社会伦理规范、原则强调到至高无上的地位。这套社会伦理规范、原则就其历史内容而言，就是以忠君为基础的君君、臣臣、父父、子子的等级系列，妇女是没有地位的。妇女在家从父，出嫁从夫，三纲五常把妇女压到社会的底层。封建统治者极力压低妇女的地位：缚小脚、住闺阁、男女授受不亲。这些规矩经几千年的运行，人们都习以为常，见怪不怪了。但“番妇”就不同了，不仅出入于宴会、舞会等公开场合，而且越是此种场合穿得越袒胸露背。封建统治者认为如若此风一开，后果不堪设想，因为那袒胸露背的番妇们会给中国社会带来巨大冲击，她们可能成为中国伦理体系那串多米诺骨牌的首张。如若允许“番妇”上岸，她们的作为会影响到中国妇女；妇女地位上升，直接威胁到“夫为妻纲”；此纲一垮，父为子纲、君为臣纲，焉能存在？以至盛行不衰的整个王朝都要倒塌。因此，首要之事，莫过于驱逐“番妇”。于是，从乾隆中期的两广总督开始便精心制定包括限制外国女人在内的“防范外夷规定”。历经近百年，规定也越加翔实，“番妇不得入省”从规定中的末条也渐次升居二条。其他规定形同虚设，但禁“番妇”入省，却始终如一地被严格执行。

然而，靠多米诺法理论建立的防线，并没有阻挡住清朝的灭亡。广州“番妇”事件后不到十年，英国人靠炮舰粉碎了清廷的梦幻；1911年辛亥革命后，封建王朝成为历史上的一页。

今天，依旧有多米诺法的影子式的错误推论不能说绝迹了。就说对小孩的教育，现在有多少家长不是“望子成龙”。什么算“成龙”？要事业成功，生活幸福。怎样“成龙”？那就要从有好工作推起：要有好工作，得上好大学；要上好大学，得进好中学；要进好中学，得要好成绩；好成绩怎样来，要从小做起。为达此目的，家长们恩威并施，赏罚兼用，让小小的孩子背上重负，整日整日在读书，没完没了的作业挤占了孩子们的时间，压抑了孩子们好玩的天性，埋没了孩子们的兴趣，难道其中没有多米诺法理论的影响吗？

合而为一

二分法本来是划分事物的一种简单方法。通过二分法，把待认识的母项类分为两个子项，两个子项外延完全不同而内涵相反，两个子项外延相加等于母项的外延。但这种方法只适用于具有全异的矛盾关系的划分中。比如，景阳冈上的武松与老虎，两者是矛盾关系，可凭二分法，得出二种结果：老虎吃掉武松；武松打死老虎。战场上的敌我战斗也是如此。

绝对二分，指将二分法的作用范围无限推广，不考虑认识对象的具体状况，把复杂的认识对象全部纳入非此即彼的矛盾关系的认识框架中加以解释和论证。结果是把复杂事物简单化，把相容事物不相容化，把多极事物两极化。貌似辩证法，实则诡辩术。

这种诡辩术的“绝对二分法”与辩证法讲的“二分法”是截然不同的。辩证法的二分法是“二点论”，指在研究复杂事物发展过程时，既要看到主要矛盾，又要看到次要矛盾；在研究某一个矛盾时，既要看到矛盾的主要方面，又要看到矛盾的次要方面。“二点论”是全面地分析矛盾的方法，而“绝对二分法”虽冠有二分法之名，实则是哲学上讲的“一点论”。

在现实生活中，我们常可看到有的人在教育年轻人正确对待恋爱、婚姻时，常常说：

“年轻人嘛，一个是事业，一个是爱情，两种选择在面前，只能以事业为重，全身心地投入到事业中，不要谈恋爱。”

爱情和事业之间本来并不是矛盾的对立关系，两者具有相容性，处理得好，可以互相促进，互相影响。而这些人却有意说成是不相容的矛盾关系，实际是“绝对二分法”的诡辩。

当然，这种简单的“绝对二分法”，有时能简化认识的复杂过程，直指中心问题。孩子们在看电影、电视时，往往把影片中的人物简单地分成“好人”和“坏蛋”。有此简单划分，容易抓住故事主题，适合孩子们的认识特点，有助于他们辨别是非。

明朝浮白斋主人曾写过一个《惧内都统》的故事：

唐中令王铎，甚惧内。因黄巢兵近，为都统以镇诸宫，止姬妾相随，其内未行。忽报夫人离京在道，骇谓从事曰：“巢贼渐渐近南来，夫人又悻悻自北至，旦夕情味，何以安处?”幕僚戏曰：“不如降巢。”公亦大笑。

幕僚们运用“绝对二分法”制造了一个意想不到的笑料。

利用数学混淆逻辑

数学计算本是属于精确科学的，它能准确地反映事物的量。但这种计算要根据事物发展的规则进行才能有效，如脱离具体事物不同的发展状态和运行情况，把一般的计算规则故意套用到特定事物上，就会造成诡辩，就这是计算蒙骗法。

明人冯梦龙曾写过《较岁》的故事：

一人新育女，有以二岁儿来作媒者，其人怒曰：“我女一岁，渠儿二岁，若吾女十岁，渠儿二十岁矣，安得许此老婿?”妻闻之曰：“汝误矣，吾女今年一岁，明年便与彼儿同庚，如何不许?”

故事中夫妇两人的计算过程都对，但用错了对象。夫者认二岁儿大其女一倍，会永远大此倍数，永不变；妇者只认小女年岁可长，彼儿可不长，都闹出了笑话。其实两者同步长矣。“此女”长一岁，彼儿也只增一年，这是人的岁数的增长规律，其他任何算法都是故意为之，不能反映客观现实。

具体应用的计算蒙骗法则不是这样简单，具有多种形式：

偷换词义法。冯梦龙在另一篇《杂语》中谈及用此法编撰的故事：

或问：“孔门七十二贤人，已冠者几人？未冠者几人？”答者曰：“已冠者三十人，未冠者四十二人。”问：“何证？”曰：“论语云‘冠者五六人’，五六得三十；‘童子六七人’，六七四十二人也。”

《论语》中五六、六七人是指少数人，故事中偷换原意变成乘法的乘数与被乘数。

故意漏项法。日本野崎昭弘在《诡辩逻辑学》中说到一个例子：

一个贵妇人，花了一万美元买了一个漂亮的戒指。可是第二天她又到同一个首饰店来说：“昨天买的戒指不称心。”说完，顺手拿起一个价值二万美元的戒指抬腿要走。店员大吃一惊，挡住她索取一万美元的差额。这位贵妇人大怒道：“怎么？还少一万美元？我昨天不是给你们一万美元了吗？今天又还给你们价值一万美元的戒指，加起来不正好是二万美元吗？”

贵妇人用的是故意漏项法。昨天，贵妇人是交了一万美元，但同时店方也付给了戒指，已经钱货二讫，结清了。今天，贵妇人故意遗漏店方已付货结清一万美元的事实，造成只是交钱的假象。

同书中另一个例子也是用此法得出的：

在一个只有十二个单间的小旅店里，一天来了十三个旅客。店主人心肠热，千方百计要使客人都住下。他预定让最后来的那位旅客先到1号房间，其余的客人按来到的先后顺序，依次分配到每个房间，每房间一人。

这样，只有一号房间住进了两个人，而且第三个来的进了2号房间，第四个来的进了 3 号房间，第五个来的进了 4 号房间，以此类推，第十二个来的住进 11 号房间。

最后，店主人又把最先住进 1 号房间的“最后来的”那位旅客，带到空着的 12 号房间。如此这般店主人顺利地把十三位旅客平均每房间一人地安排到十二个房间中。

故事中，店主人安排得头头是道，但无论怎样计划，怎样调动顺序，把“十三位客人平均每屋一人地安排到十二个房间中”都是不可能的。问题出在“1 号房间住进了两个人，而且第三个来的进了 2 号房间”这句话中。按店主人的预定计划 1 号房间的两个人，一个是第一个到达的旅客，另一个是第十三个到达的旅客，而 2 号房住的是第三个到达的旅客，1、2 号两房间均没有第二个到达的旅客，整个安排把第二个到达的旅客故意遗漏了。

债权颠倒法。现实中还可看到这样的例子：

甲：“借我五十元！”

乙：“我只有四十元！”

甲：“好吧，那就给我四十元，你欠我十元吧。”

甲本来是债务人，经计算蒙骗倒成了债权人。

对这种靠计算进行诡辩的人可运用归谬法反驳。归谬法是这样一种方法，它从对方的论题出发，引出一个荒谬的结论，从而证明对方的论题虚假。

《笑话大全》中有一篇《报灾》的故事：

某县知事，性贪酷，尤恶人报荒求减免税。某年，江南大水泛滥成灾荒，村民推举一老农去报荒。老农来到县衙，知事问他：

“麦收几成？”老农答：“一成。”

“稻谷呢？”

“三成。”

“杂粮呢？”

“两成。”

“其他呢？”

“余不堪言。”

知事听了大怒道：“定例四成以下，始准报荒。今已满六成，何得妄报，真是大胆刁民！”

老农道：“我活了一百八十岁，还没遇到过如此大灾哩！如何不报？”

知事看看说：“胡扯，你怎么活了一百八十岁呢？”

老农掰着指头说道：“大儿子五十岁，二儿子三十岁，小儿子二十岁，老汉我八十岁，合起来正好一百八十岁。一点不胡扯。”

知事拍着桌子说：“哪有如此算法。”

老农说：“老爷息怒！老爷您刚才计算收成，不也是这么算的吗！”

知事无言以对……

颠倒因果顺序

因果关系是反映客观事物普遍联系的一对范畴，因果观念也是人类一切认识活动必不可少的逻辑条件。事实上，没有无果之因，也没有无因之果。原因对结果而言，原因就是结果的论据。但并非任何联系都是因果联系，只有那种前后相继、彼此制约的必然联系才是因果关系。如生拉硬扯把不具有上述条件的联系冠之以因果关系去立论，就是混淆因果关系的诡辩。

混淆因果的常用手法，是用时间先后划分因果，居前为因，在后为果。确实，因果关系一般具有前后相继的顺序性，原因在前，结果在后，但并非所有前后相继的现象都构成因果关系。比如，生与死是前后相继，就不能说生是死的原因，死是生的结果。昼与夜、秋与冬、早与晚等也是如此。而且具有因果关系也并不一定在时间上是先后关系，有时同时并存也可以是因果关系。月球对地球的引力作用，是海洋潮汐的原因，海洋潮汐是月球对地球引力的结果。二者是同时并存，但它们是因果关系。外力对物体的作用引起运动加速度也是因果关系，虽然从时间上看是同时的，但逻辑上有先行和后续、引起和被引起的关系。

虚拟原因是混淆因果关系的第二种方法。自从有了人类以来，因果关系成为人与外界接触认识的主要观念。但过去生产力低下，认识水平有限，认识不了事物发生的根本原因，只得靠联想和猜测虚拟出原因。过去的人认为，人的名字非常重要，名字表现着个人和祖先的联系，名字和这个名字所体现的属性是紧密相连的。名叫“富贵”，今后必大富大贵；叫“狗剩”，今后必然好养；叫“连弟”，就能生个弟弟。现在看名字不具有这种神乎其神的作用，名字只不过是具有一种标签的作用，靠这种标签让我们从人群中互相区别出来。人的一生的情况是自己和周围环境相互作用的结果，与其名叫什么并没有必然的因果联系。名字的作用是虚拟的，就像供财神不能保你发财一样。我们知道过去的人还很为自己的影子担心。如果一个人失去了自己的影子，他就会认为自己已经岌岌可危，在劫难逃。所以，对他影子的任何侵害都意味着对他本人的侵害。靠这种观念，有的地方甚至认为，踩了谁的影子，就被认为是对他的致命威胁；用钉子或刀子扎别人的影子就是杀人犯，当场抓住要立即处以死刑。影子有如此大的作用，能产生这么严重的后果，人人都小心翼翼。晴天时，中午无人敢出门，因人影短了或没有了。今天看，这也是虚拟原因，已经无人相信了。但影响还是有的，譬如小孩一出世，给孩子起个什么名字还是父母的一项重要任务。再有，许多代表“吉利”的数字、号码、日期也是许多人争夺的对象，似乎 168、888 等本身能转换成货币一样。

“倒因为果”也是混淆因果关系的手法。在一定的范围内，因果之间有明确的界限，倒因为果就是把相对确定的原因当作结果，把相对确定的结果当作原因。在微生物与有机物腐败之间的关系问题上，多少年来，人们一直对“物腐而虫生”深信不疑，直到 1688 年意大利生物学家雷迪的实验才否定这一论断，建立起“虫生而后物腐”的正确认识。前人认为物腐是虫生的原因、虫生是物腐的结果就是倒因为果。

数字游戏

统计是数学的分支，从属于数学。同时，各类具体统计又与自然和社会的各种现象有关，靠人对这种现象认识而定。所以，各种具体的统计方法，既具有用数字表示的精确、清晰的形式表达，又可以有种种人的谬误掺杂其间。搞诡辩的人往往利用统计法的精确表达形式，偷偷地在统计方法、概念、数据名称的制定等方面来做文章，诱使人们上当。

有一个靠平均数骗人的故事，说的是工人萨姆求职的事：

这天老板吉斯莫对来求职的萨姆说："我们这里报酬不错，平均每周300元薪金。你在学徒期间每周拿75元，不过很快便可以加工资。"

萨姆于是来工作了，可是没过几天，便求见老板说："你欺骗我！我已经找其他工人核对了，没有一个人的工资超过每周100元，平均工资怎么可能是一周300元呢？"

老板说："啊，你不要激动，平均工资确是300元，我这里有一张表记录我付出的薪金。我得2400元，我弟弟1000元，我的6个亲戚每人250元，5个领班每人200元，10个工人每人100元，总共6900元，付给23个人，对吧？"

萨姆："对，对，对！你是对的，平均工资是每周300元。可是你还是蒙骗了我。"

老板："我没蒙骗！你实在是不明白。我已经把工资列了三个表，并告诉了你，工资的中位数是200元，可是这不是平均工资，而是中等工资。"

萨姆："每周100元又是怎么回事呢？"

老板："那称为众数，是大多数人赚的工资。老弟，你的问题是出在你不懂平均数、中位数和众数之间的区别。"

萨姆："好，现在懂了。我……我辞职！"

故事中有三个数字：平均值、中值、众值。萨姆上当在于把平均值误为众值。在这个小公司中，由于有少数人工资极高，平均值与大多数人赚的工资数有相当大的差异，萨姆注重的应当是众数。老板靠混淆平均数和众数的区分引得萨姆来此工作，但一旦搞清其中的名堂，骗局也就结束了。

由于人们选定的统计标准变化，抽样类别不合理或错误抽样，有时会造成统计数字并不反映或歪曲真实情况。

如抽样不准也会造成统计偏差或谬误。

十九世纪末美西战争期间，美国一些统计人士依据统计数字得出：战时在海军服役的军人比一般居民安全，因海军死亡率0.9%，而纽约居民死亡率是1.6%。

显然统计者没有把海军军人看成是健康的年轻人，而居民则包括老、幼、病、残在内的因素都考虑进去。

对有些本来无法用精确数字进行表示的事物，却硬要用精确数字去表述，必然会掩盖事实真相，起着蒙骗的作用。

比如，十七世纪爱尔兰的大主教阿歇尔，曾依据圣经"精确"计算出上帝创世界是在公元前4002年，另一位教士更"准确"到公元前4004年10月23日9时整……

类比法

类比法属特殊到特殊的推理。即以关于两个事物某些属性相同的判断为前提，推出关于两者的其他某个属性也相同的方法，或者依照某一事物的道理推出同类其他事物的道理的方法。这种方法由物与物相似或物的属性与物的属性相似为依据，很容易从一物扩展、飞跃到另一物，具有广泛性、灵活性、变通性的特点。由于这种方法不需要对每个事物做深入的考查，不需要理智的可靠论证，使其结论具有相当大的偶然性和不确定性。这些特点更容易被诡辩论者所利用搞机械类比。

机械类比是把某对象特有的属性或偶有属性类推到其他对象上的方法。例如，“人有多大胆，地有多大产”这句话就是机械类比。“人有多大胆”，讲的是思维，思维想象力没有界限，可任意驰骋，现实存在的可以想象，现实不存在的也可以想象。“地有多大产”则属物质生产领域，它与思维想象力可无限延伸有本质的不同。土地的产量受客观条件的制约，是不以人的意志为转移的、把思维领域特有的想象无界限类比推到物质生产领域，认为土地产量也无界限，必然导致错误的结论。

历史上，有的思想家曾依据力学的机械性加以无限类推，提出植物是机器、人是机器的论断。

如十八世纪法国有个叫拉美特利的人说：“人体是一架会自己发动自己的机器，一架永动机的活生生的模型。体温推动它，食料支持它。没有食料，心灵就渐渐瘫痪下去，突然疯狂地挣扎一下，终于倒下，死去。但是，你喂一喂那个躯体吧，把各种富于活力的养料，把各种烈酒从它的各个管子里倒下去吧，这样一来，和这些食物一样丰富开朗的心灵就立刻勇气百倍了，那个喝白水喝得临阵脱逃的兵士，这会儿变得剽悍非凡，应着战鼓的声音，迎着死亡，勇往直前了。”

为什么喂喂躯体就产生这么大作用呢？拉美特利解释道：“身体不是别的，就是一架钟表，它的新的养料来自钟表匠。当养料进入血液的时候，自然的首要任务就要在血液里引起一种热。在一心想着煤炉的化学家们看来，这应该就是一种发酵作用。这种热使动物精神获得更大的渗透能力，机械地跑去把肌肉和心脏鼓动起来，好像奉了意志的命令似的。”总之，“人的脑子和整个身体组织是一架多么聪明的机器！他比最完善的动物再多几个齿轮，再多几条弹簧，脑子和心脏的距离成比例地更接近一些，因此所接受的血液更充足一些，于是那个理性就产生了”。

拉美特利叙述得形象生动，但他把人降到物的水平，没有看到人和自然物的本质不同，把自然物的特有属性类推到人的身上，使两者等量齐观了。

上述两例不管当初提出的人是如何想的，现在看都属类比不当的诡辩。怎样识别类比的正确与否呢？首先看是否为异类相比。所谓异类相比指在未发现某一相同属性因而未构成同类事物之前，对两类事物在数量上进行简单比较。《圣经》中提道：“木与夜孰长？智与粟谁多？”所提木头长短属空间概念，夜晚长短属时间概念，两者分属二类不能比。智慧与谷粒谁多也不能比，前者是思维是抽象的，后者是物质是具体的量。其次，看类比所依据的是共有属性，还是特有属性。如果依据是共有属性，类比的结论可靠性就高；如果依据的是特有属性，类比结论没有可靠性。

例如：长“一撮毛”是栾平的特有属性，据此推论奸诈之徒都长“一撮毛”必然错误。

最后，运用类比方法要根据情况，具体分析，灵活运用，切记，推出的属性不仅是与共有属性相关，而且应当与共有属性中的本质属性相关，防止生拉硬扯。否则，不仅推论无科学性，还要闹出笑话来。

例如，一个学生做了如下推论：建筑师照图建房子，木匠按设计图做家具，外科医生由X光指导手术，律师依据案情摘要进行辩护，因此，学生考试应允许看课本答题。

伪命题推理

无中生有作为诡辩术主要运用于建立虚假前提、虚假论据、虚假推论之中。

在历史上，乐此不疲、精于此道的大有人在。日本帝国主义曾多次运用此法，捏造事实，无中生有地先后制造了“柳条沟事件”（九一八事变）“卢沟桥事变”“上海事变”，借机对中国发动大规模侵略战争。拿“卢沟桥事变”看，就是日本帝国主义蓄谋已久的阴谋。

事变前几个月，日军调大批部队进入华北，从1937年6月起，日军在北平的西南宛平附近连续进行挑衅性军事演习。7月7日夜，日本侵略者借口一个士兵失踪，要求进宛平城搜查，遭到当地中国驻军拒绝。日本侵略军随即炮击宛平城和卢沟桥，发动大规模军事进攻。

上述各事件尽管形式多样，但实质相同，都是用“无中生有”法编造虚假论据，为其露骨的强盗行径作诡辩。

“无中生有”法还常常被诡辩者用来做判断推论的根据。运用此法最早者要算古代大思想家柏拉图的弟子，古希腊的诡辩家欧布利德了。

一天，欧布利德对他的同事说：“你没有失掉的东西，那么你就有这种东西，对吗?”

他的同事回答说：“对呀!”

欧布利德又说：“你没有失掉头上的角吧?那你的头上就有角了。”

这里，欧布利德利用“失掉”和“无”在某种程度上的同义性，用“无中生有”法，推出历史上有名的“人有角”的诡辩命题。

蓄力于一点

“攻其一点”是颇具迷惑力的诡辩术，这种方法人为地把事物之间的多重关系加以割裂和缩减，然后把割裂和缩减后的关系在事物中的作用加以夸大，并依此为论据，推出不具逻辑必然性的错误结论。

战国时，楚人宋玉运用丰富的想象力，为后人留下一篇《登徒子好色赋》：

大夫登徒子侍于楚王，短宋玉曰：“玉为人体貌闲丽，口多微辞，又性好色。愿王勿与出入后宫。”

王以登徒子之言问宋玉。

玉曰：“体貌闲丽，所受于天也；口多微辞，所学于师也；至于好色，臣无有也!”

王曰："子不好色，亦有说乎？有说则止，无说则退。"

玉曰："天下之佳人莫若楚国，楚国之丽者莫若臣里，臣里之美者莫若臣东家之子。东家之子，增之一分则太长，减之一分则太短；著粉则太白，施朱则太赤；眉如翠羽，肌如白雪；腰如束素，齿如含贝；嫣然一笑，惑阳城，迷下蔡。然此女登墙窥臣三年，至今未许也。登徒子则不然。其妻蓬头挛耳，齞唇历齿，旁行踽偻，又疥且痔。登徒子悦之，使有五子。王孰察之，谁为好色者矣。"

宋玉的赋行文流畅，辞采缤纷，是中国历史上优秀的文学作品，不愧为屈原之弟子。但其论述登徒子好色之手法则不甚高明，有商讨之必要。宋玉谈及自己非好色时，还算事出有因，说出了一些道理。当谈及登徒子时，则全凭登徒子与其丑陋之妻关系很好这一点立论，使用的是"攻其一点，不及其余"的手法，生拉硬扯地在登徒子喜欢其丑陋的妻子和登徒子好色之间建立起必然的逻辑关系，违背了形式逻辑的充足理由规律。

模糊概念

内容抽象法指诡辩者为达到某种目的，故意抽取出论辩或条文的具体内容的一种方法。这样的诡辩在历史上和现实中是屡见不鲜的。

历史上，名家公孙龙曾用此法为赵国解了围。事情是这样的：

战国时，秦国和赵国在会盟台上订了一个互助协定，"协定"的内容是："从今以后，秦国要做的事赵国要尽力协助，赵国想要做的事秦国也要尽力协助。"过了不久，秦国发兵攻打魏国，赵国却发兵去救魏国。秦王极为不满，派人责备赵王背约。赵王难住了，求计于平原君，平原君又求计于公孙龙。公孙龙建议赵王也派人去责备秦王背约，因为根据协定，赵国想做的事，秦国也要帮忙；现在赵国要救魏国，秦国理应帮赵国救魏。

故事里，公孙龙利用了"协定"文本的漏洞，协定文本光规定了对方想做的事，另一方都要帮忙，而对于这个"事"的具体内容是什么，却没有明确规定，“事”本身可以任各方的利益所在随意加以解释。

在现代社会中，内容抽象法有了新的应用领域。不少经济骗子们也娴熟地掌握了这一诡辩术，借此术为自己谋取非法利益。《文汇报》1993 年 8 月 17 日刊登过一篇这样的文章：某公司在合同中做手脚，骗取两个厂四万元人民币，还反诬对方不履行合同。事情的缘由是这样的：

1993 年 1 月 9 日，甲厂与某公司驻沪办事处签了一份总标 245 万元的机床滑块翻砂件加工合同；1992 年 11 月乙厂与这家公司签总标为 98 万元以普通布料为原料的物品袋加工合同。签合同后，这家公司拿到近四万现金，现查明，这家公司与甲厂的合同至少埋下两个圈套：一、对标的物材质故意制造国家新旧标准换算方法的差错，造成材料不符合要求；二、对标的物的长、宽、高、直径不做具体规定，这样会造成任意理解，也会导致样品不合格。这家公司与乙厂的合同也用了此法，但手段更隐蔽。工厂要求在合同中注明要以普通布为原料，并订明物品袋色标和验收标准，但这家公司以“该袋是垃圾袋，外国人用一次就扔掉了，没什么技术要求”等为由搪塞工厂。结果该公司用有弹性的布料，按设计图生产了样品，但稍微一拉就面目皆非，且合同没规定验收方法。

这家公司在这里运用的抽象内容法把合同可以衡量考查的条款一一淡化去掉，割去了合同内容的具体规定，合同便成了他们随心所欲乱加解释的挡箭牌。不仅想心安理得地骗取昧心钱，还想得寸进尺，把自己打扮成履行合同的模范。当然这是欺骗者一方的痴心妄想，终究不会得逞。事实说明，把这一诡辩术运用于经济领域，社会危害极大，应当切实注意防范，切莫上当。

人生活在社会中，每时每刻都与其他人和物发生着各种联系。同样，在物的索链中，也互相紧密联系在一起。人对物的评价，物对人的作用，也与周围的联系密切相关。如果离开了事物的总体联系，把对象分解成各组成元素加以分析，然后依此得出事物的总体结论，那也是内容抽象法的诡辩。

比如：食盐的学名叫氯化钠，是由氯和钠两种元素化合而成。而氯是有毒的，人不可食用，钠对人也是有毒的，由此推断氯化钠也是毒药，那就错了。实际上氯化钠是人生活中离不开的必需品，同柴、米、油等一样重要。

万事万物变相对

相对代绝对是诡辩术最基本的方法之一。它是靠割裂相对和绝对的统一关系，片面夸大事物和认识的相对性一面，否定事物和认识的绝对性而达到的。由于相对代绝对的方法，只讲事物和认识的相对性，必然否定事物和认识在一定范围内的确定性。从事物说，也就抹杀了事物的规定性，必然把事物看作为转瞬即逝、可此可彼的东西；从认识说，必然把一切认识都看成是相对的，否定认识的客观标准，认识成了任人加以解释的绝对主观的东西。这种方法的结果必然使人不是陷入绝对怀疑论、不可知论和诡辩，就是陷入主观主义。

相对代绝对的方法源远流长。在西方，公元前五世纪，古希腊有个叫克拉底鲁的学者就曾使用相对代绝对之法，把其老师赫拉克利特提出的“人不能两次踏进同一条河流”的命题推到极端，歪曲为“人连一次也不能进同一条河流”。克拉底鲁认为当人们刚要踏入河流时，河流已经变了。据此，他认为世界上一切都在运动，万物不存在任何确定性，都是稍纵即变、倏忽即逝的。本来在赫拉克利特那里还存在事物的相对静止和确定状态，到克拉底鲁这里全部被推翻，结果是“这位克拉底鲁把赫拉克利特的辩证法弄成了诡辩”。

公元前四世纪前后，在中国的春秋战国时期也陆续出现了主张以相对代绝对方法的名辩家，主要有：

合同异论。提出者惠施，宋国人，曾任魏国丞相 15 年，以学问大而闻名，提出“合纵”国策，深得魏王尊宠，甚至想传位于他。后因故被逐到楚国，结识庄周。他的著作没有保存下来，现在所说的惠施的思想主要据《庄子·天下》篇而来。

惠施的合同异思想主要集中在《庄子·天下》篇所提“历物十事”中：

大到极点，无所不包，就没有外部了，这叫作“大一”；小到极点，什么都包容不下，就没有内部了，这叫作“小一”。

没有厚是累积不起来的，然而它的大却可以展开到千里。

从大宇宙来看，天和地一样低；山和水泽一样平。

太阳刚刚正中，马上又偏斜了；万物刚刚出生，马上就又走向死亡了。

“大同”和“小同”有差异，这叫作“小同异”。万物有完全相同的，也有完全相异的，这叫作“大同异”。

南方是没有尽头的，又可以说是有穷尽的。

今天才动身到越国去，可是昨天便到了。

连环是可以解开的。

我认为天下的中央是在燕的北方，越的南方。

普遍地爱万物，天地之间是一个整体。

通过十事，惠施认为一切事物都在变动之中，因而都是相对的，没有绝对的东西存在。时间、空间是这样，世间的万事万物也概莫如此。在这个基础上，他提出要“合同异”。一方面，从具体事物看认为具体事物之间的关系只能是“小同异”，具体事物与宇宙总体的同异也是“小同异”；另一方面，从宇宙总体看，可以说宇宙万物“既有完全相同的”，也有“完全相异的”，这叫“大同异”。宇宙可在“大同异”范围内统一起来，“天地间是一个整体”。

惠施的这种论证，前无古人，扩大了人们的视野，把视点转到宇宙万物，是认识的发展。但他把事物的相对性夸大了，以相对代替绝对，否认相对中包含绝对，方法论上的片面性导致其理论含有诡辩的成分。

齐物论。战国时宋国人庄周提出的理论。庄周与惠施是朋友。庄周家贫，有时靠编草鞋为生。据《史记》记载，楚威王听说他有才干，想重金聘任他为相，被拒绝，“终身不仕”。

庄周认为一切事物都在运动变化中，在《庄子·秋水》篇中说：“物之生也，若骤若驰，无动而不变，无时而不移。”这个变化是绝对相对的。面对如此变化的世界，人应采取什么态度呢？庄周在《庄子·齐物论》中提出两种看法。

一种是从个人自己特殊的有限观点看世界，万物都在自己发生着、变化着，都是无所待而言的。是非、美丑、善恶、大小都是相对的，并没有绝对的差别，任何东西都有其“是”的一方面，也有其“非”的一方面，因此不必区分是非彼此。庄周借他人之口说：

人睡在潮湿的地上会生半边风瘫和腰疼病，泥鳅也是这样的吗？人上了树就惴惴地怕掉下来跌死，猴子也是这样的吗？这三类动物谁算是知道真正安稳的住处呢？人爱吃牛羊和犬豕鸡鸭，麋鹿爱吃草，蜈蚣爱吃蛇，鸱鸮和乌鸦爱吃老鼠，这四类动物谁算是知道真正好吃的味道呢？猵狙喜欢同母猴交配，麋喜欢同鹿交配，泥鳅喜欢跟鱼在一起；毛嫱和丽姬，人认为是美丽的，个个见了都喜爱，可是鱼见了她们就向深水躲藏，鸟见了她们就向天空高飞，麋鹿见了她们拔腿就跑；这四类动物谁算是知道真正可爱的美貌呢？依我看来，仁义的头绪，是非的路子，纠纷得乱七八糟，我哪里知道他们该怎么分辨呢！

在前一种观点基础上，庄周又提出新的观点，从道的观点看事物。认为万物各受于道，原属一体，人要忘记现实的一切差别，要达圣人之境，也即“天地与我并生，万物与我为一”的“齐物”境界，达此境界就可是非双遣，物我两忘，真正成为“乘天地之正而御六气之辩，以游无穷者”。

庄周在他的理论中提出一整套相对主义的认识方法，他认为事物之间的彼此差别是相对的，人对事物的认识也是相对的。所以庄周说，你从事物大的方面去看他的大，那么万物没有不是大的；你从事物小的方面去看它的小，那么万物没有不是小的。于是，最小的东西，像兔子身上毫毛的尖，也可以说是天下没有再比它大的东西了，而泰山反而可以说是小的了。历来传说中最短命的殇子，也可以说是最长寿的人，而传说中活了七八百岁的彭祖反而可以说是短命的人。如此一来，认识没有任何标准可以遵循，怎样认识都可以，认识的必要性也就不存在了。庄周从夸大相对性入手，取消了事物和认识的绝对性，结果走到了诡辩和不可知论。

幻想当作现实

可能代现实法是指在辩论中把包含在事物中的、预示着事物发展前途的某种可能倾向，单独抽取出来加以强化，变成现实的实际存在，并以此为论据，进行论证的方法。在一定的情况下，也可以作为诡辩的手法。

清人石成金写过一则《秀才断事》的故事：

一乡愚言志："我愿有百亩田稻足矣。"邻人忌之曰："你若有百亩田，我养一万只鸭，吃尽你的稻。"二人相争不已也，诉于官，不识衙门，经过儒堂，见红墙大门，遂扭而进。一秀才步于明伦堂，以为官也，各诉其情。秀才曰："你去买起田来，他去养起鸭来，待我做起官来，才好代你们审这件事。"

争论的双方依据都是现实并不存在的可能性，双方进入诡辩中。唯独这个第三者秀才还比较明智，说待三件事都成为现实再审吧！

可能代现实之法有时可能靠对现实某件事件进行无限的抽象引申推论而发。《历代笑话集》中，集录了明朝人江盈科写的《妄心》的故事：

一市人贫甚，朝不谋夕。偶一日拾得一鸡卵，喜而告其妻曰："我有家当矣。"妻问安在，持卵示之。曰："此是。然而需要十年，家当乃就。"因与妻计曰："我持此卵，借邻人伏鸡乳之，待彼雏成，就中取一雌者，归而生卵，一月可得十五鸡。两年之内，鸡又生鸡，可得鸡三百，堪易十金。我以十金易五牸，牸复生牸，三年可得二十五牸。牸所生者，又复生牸，三年可得百五十牛，堪易三百金矣。吾持此金举责，三年间，半千金可得也。就中以三之二市田宅，以三之一市僮仆、买小妻，我乃与你优游以终余年，不亦快乎?”妻闻欲买小妻，怫然大怒，以手击鸡卵碎之，曰：“毋留祸种。”夫怒挞其妻，乃质于官。

故事中，只有那只鸡蛋是现实存在的，由那只鸡蛋演绎出荣华富贵，逻辑上挑不出毛病。之所以称之为妄心、诡辩，原因在于故事主人的所有财富都是虚幻的，存在于头脑中，都是与现实性有区别的可能性。而且，这些可能性并没有客观依据和条件，是将来不会实现的抽象可能性。所以整个演绎貌似很有逻辑道理，但其间掩藏着极大的主观随意性，说其为诡辩就不足为怪了。

第五章

利用逻辑规律进行辩论

偷天换日　私改议题

清人石成金曾编过一则《誓联》的笑话。

说是昔日有一官到任后，即贴一对联于大门："若受暮夜钱财，天诛地灭；如听衙役说情，男盗女娼。"百姓以为清正，不料，来打官司的富贵人家照例把金钱玉帛在青天白日送到衙门。这位清官也来者不拒，照收不误。久之，有抱打不平者气不过，当面质问"清官"为何违背门上誓言。这老爷却振振有词："我唯恐违犯前誓，凡行贿者，俱在白日，不许夜晚，而且俱要犯人自送，不许经衙役之手。"

这副对联明明说的是要秉公办事，不收不义之财，不徇情违法，不听说情开恩。若不如此，不仅"天诛地灭"，还要"男盗女娼"，惩戒是够严厉了。但县太爷却自有高论，靠字面之义，偷换誓联本来之含意，是十足的偷换论题。

偷换论题，就是指在辩论或论证过程中，没有自始至终地保持论题的确定和统一，其实质是违背形式逻辑的同一律。同一律作为形式逻辑的基本规律之一，它要求在同一个思维过程中，每一个概念、判断、命题的内容都是确定的，是什么内容就是什么。因此，不得在同一思维过程中任意改换概念、判断、命题所包含的内容，将不同的思想画上等号。而偷换论题则表现为在论证自己的观点时不按照论题本意去论证，在反驳别人观点时故意歪曲和篡改别人的原意。

其具体表现手法众多，主要有任意改变某个概念的内涵和外延。论题是一个命题，命题由概念和判断组成。概念的内涵或外延变了，论题也就偷换了。前述的清官老爷就是用此法。那种将似是而非的两个概念混为一谈也属此法。

颠倒词序也是一种偷换论题的方法。

据说曾国藩带湘军与太平天国初期作战皆是败阵而归，想瞒天过海，骗骗皇上，又没那个胆量。只得照实上报，在奏章上写有这样八个字：“屡败屡战，屡战屡败。”手下师爷一看，大吃一惊，说这是要杀头的，便提笔改为“屡战屡败，屡败屡战”。

只是颠倒了前后四个字之顺序，但意义大不相同。前者败军之将，跃然纸上；后者虽败则气不馁，斗志昂扬。报将上去皇帝不仅没撤职查办，反倒官升一级。

这种改变词序的方法，也可以正面利用。

清朝时，有一罪犯夜闯民宅，侮辱民女。受害者第二天送诉状给讼师。讼师看其中罪行为“揭被勒镯”，说这样写治不了罪犯，提笔改为“勒镯揭被”。果然，罪犯受到应有的惩罚。

其理由是：前者揭被是手段，勒镯是结果，罪行再大，也不过是个抢劫犯；后者词序改动了，是勒镯后，犯罪没有停止又揭被，还有更严重的犯罪活动在进行，此时的“勒镯揭被”都是手段。

话说两头　左右逢源

为了表达语言和思维的明晰性和确定性，就一定要恪守形式逻辑的排中律。而“模棱两可”则指随意违反排中律　对不能同真也不能同假的矛盾命题和判断断定为同真。对“模棱两可”不自觉的误用，是日常交往中产生词不达意及谬误的主要原因。如故意使用“模棱两可”的手法，以达某种目的，则为诡辩术。这种手法，很早就被人们认识到了。

唐朝武则天当政时，有个叫苏味道的人，谙熟朝廷内幕，写得一手好文章，官升至宰相。为官几年，毫无作为，究其因，原来他靠揣摩皇帝意图为官，靠观察皇帝动向行事，常对人说：“决事不欲明白，误则有悔，模棱持两端可也。”世人送他两个雅号“模棱手”“模棱宰相”。成语“模棱两可”，源出于此，含义是，对问题的正反两个方面都持肯定的态度。

明人张居正也曾说过：“上下务为姑息，百事悉从委徇，以模棱两可谓之调停，以委曲迁就谓之善处。”

在日常交往中，人们常碰到的“自语相违”的语言，有的也属于“两可”矛盾。如，有人用“我国有世界上没有的万里长城”去强调长城在世界上的独一无二性。这句话实际上肯定“我国有万里长城”和“世界上没有万里长城”这两个判断。而事实是，我国是世界的一部分，所以上述的表述违反了排中律。其他诸如“他是多少死难同胞中幸免的一个”“一对孤灯照天明”“明月当空，繁星闪烁”，等等，都属此类错误。

当然，在一些文学作品中可自觉运用“模棱两可”之法，以揭示人物的性格特征，增加人物的生动性。吴敬梓在《儒林外史》第三回中用此法揭示出胡屠户活灵活现的势利眼形象。

范进打算进省城参加乡试，缺盘缠无法成行，无奈向丈人胡屠户开口借钱。胡屠户张口大骂：“不要失了你的时了！你自己只觉得中了一个相公，就‘癞蛤蟆想吃起天鹅肉’来……这些中老爷的都是天上的‘文曲星’！你不看见城里张府上那些老爷，都有万贯家财，一个个方面大耳？像你这尖嘴猴腮，也该撒泡尿自己照照。不三不四，就想天鹅肉吃！”一时范进不为所动，人虽老矣，却壮心不已，不久果然中举。此时，胡屠户摇身一变，满脸堆笑地说：“我每常说，我的这个贤婿，才学又高，品貌又好，就是城里头那张府、周府这些老爷，也没有我女婿这样一个体面的相貌。”

作者在此把“模棱两可”运用得得心应手，把胡屠户刻画得入木三分。

需要注意的是，“模棱两可”这种手法是否为诡辩，主要看其是否违反在同一时间、地点、条件下，一事物不能同时是另一事物的规则。因此，有时字面上的矛盾并不是“模棱两可”的诡辩，而是辩证逻辑的正确表达。依据是，在不同的条件下，一个事物可以从不同的角度去看，具有不同的性质，其根源在于事物的多样和联系的普遍性。据此，在中国历史上已有定论的邓析的“两可之说”，今天看可能是对的：

郑国有一富家之人溺死，尸体被别人所收。富人想用钱赎回尸体，但收尸人索价很高，富人求教于邓析。邓析说：“安之，人必莫之卖矣。”（意即，你不用急，收尸者肯定不会将尸体卖给别人的。）

收尸者急了，也去问邓析怎样应付，邓析同样回答："安之，此必无所更买矣。"（是说，你不用急，这个富户必定不会改买别人的尸体。）

《吕览·离谓》篇引证这个故事批评邓析为"以非为是，以是为非，是非无度，而可与不可日变"。后来刘歆在《七略》中说邓析是"操两可之说，设无穷之词"。今天根据辩证矛盾说：买与卖双方处在不同的位置，所谓的"急"有不同含义，卖者的急，是急于卖出；买者的急，是急于赎回。同样，邓析所说的两个"你不用急"也是根据买卖双方的实际情况作出的。卖者不会把尸体留下，要急于卖出，不会不卖，似也不会卖给别人，你买者是唯一人选，所以买者不用急；买者要急于买回尸体也是肯定的，所以买者也不会买别人的尸体以充数，卖者也不用急。急与不急都是属于特定的利益、特定的条件、特定的原因而产生的，这样的"两可之说"并没有混淆"可"与"不可"的界线，并不违背排中律。

现实中也有类似的情况，鲁迅曾说过这样的话：

有的人活着，他已经死了。

有的人死了，他还活着。

这是否违反排中律呢？不违反。显然，这是就同一对象的不同方面说的，"有的人活着"是指其肉体活着；"他已经死了"，是指其精神死了。当时的汉奸、卖国贼虽然人还活着，但他丧失了民族的尊严和人的价值，如同行尸走肉。"有的人死了"是指其肉体死了；"他还活着"是指其精神没有死。那些为民族贡献出生命的烈士，人虽死了，但其精神却永远活在人民的心中。

一口否决　模糊概念

"模棱两不可"也是违反排中律的一种表现。与"模棱两可"相反，"模棱两不可"是对必有一真的相互矛盾的判断和命题都加以否定的一种手法。如故意运用此法以维护某种不正确的观点就是诡辩术，如误用此法则可使人们之间的信息交流无法正常进行。请看下面的对话：

甲：你说，上帝是否真正存在？

乙：不能这么说。

甲：那你的确认为上帝不存在？

乙：也不能这么说。

甲：那你是什么观点？

乙：有无上帝的争论延续几千年了，也没争出头绪，这种争论没有多大意思，两种观点我都不赞成。

甲：……

对话中，“有上帝”与“无上帝”是两个互相矛盾的命题。按思维排中律，在同一思维过程中的两个相互矛盾的命题之间，要么肯定A要么肯定非A，不能同时加以否定，因二者必有一真。而乙的态度是“都不赞成”，也就是对两种观点都持否定态度，违反了排中律。表面上，乙的观点貌似公允，对两种观点各打五十大板。实际上，乙的观点搞乱了是非，混淆了真假，搞的是“模棱两不可”的诡辩。

违反排中律，就会使思想游移不定，听者不知所云。在日常生活中，人们经常遇到这类现象。

如在一次会议上，某单位的一位主管向青年演讲：“青年没有远大理想不好。没有远大理想，也就没有人生的支柱，失去前进的动力；但是，有了远大理想也不见得好。有了远大理想，容易滋长个人主义。”

这位主管的发言究竟想表达什么呢？是主张树立远大理想，还是不主张树立远大理想呢？看来两者都不是。他把这对相互矛盾的命题都否定了，导致了“模棱两不可”的逻辑错误。

需要指出的是，“模棱两不可”只能出现在对两个相互矛盾命题都持否定的断定中。倘若两个命题之间不是矛盾关系，对这样的命题同时否定，不仅是允许的，有时也是必要的。比如下列的对话。

甲：这类药品老年人服用比较好。

乙：我看最适合中年人服用。

丙：你们说得都不对，根据使用说明和药品的成分，这种药是为婴幼儿准备的。

丙虽然把甲乙两人意见否定了，但所否定的两人意见之间不构成矛盾关系，因此丙的意思不是“模棱两不可”。依此还可看出对两个相互反对的矛盾命题都持肯定的断定，那就是“模棱两可”，这也是二者的区别之一。

含糊其词　伺机观望

不置可否又称“无可无不可”，是指对两个相互矛盾的命题，既不否定，又不肯定。也就是在黑白、是非面前骑墙居中，含糊不清，支吾其词，对问题“永远不下明确的断语”。这是诡辩的一个主要手法，也是以违背矛盾律、排中律为其主要理论特征的。

在政治思想斗争中，机会主义者往往采取这种态度，正如列宁指出的：

“谈到和机会主义做斗争的时候，决不应该忘记现代机会主义者在各方面表现出来的特征：模棱两可，含混不清，不可捉摸。机会主义者按其本性来说，总是回避明确提出问题，企图抓住一种合力，在两种互相排斥的观点之间像游蛇一样地回旋。”

在其他领域，也时有名人、权威曾娴熟地玩弄过这种手法。如：

1822年留学巴黎的挪威学生阿欠尔，完成了他的数学论文，上报法国科学院审定。当时，科学院指定数学权威勒让德和勾摩两人审定，面对这后起之秀的大作，勾摩没有表态，勒让德则大笔批道“或可通过”。

两人是异曲同工，搞的都是“无可无不可”的“模糊”战术，对到底是否通过均“不置可否”。

现实生活中，人们也不难发现，面临是非总有人用此法明哲保身，以示公允。在评选先进、提拔干部问题上，有的人的表态总是“他嘛，有优点也有缺点，提拔不提拔都可”。

不过，在某种特殊场合，用“不置可否”的方法对付那些喜欢阿谀奉承的人，不啻是一妙法。鲁迅在短文《立论》中曾讲过一故事：

我梦见自己正在小学校的讲堂上预备作文，向老师请教立论的方法。

“难！”老师从眼镜圈外斜射出眼光来，看着我，说：“我告诉你一件事：一家人家生了一个男孩，全家高兴透顶了，满月的时候，抱出来给客人看——大概自然是想得到一点好兆头。

一个说：‘这孩子将来要发财的。’他于是得到一番感谢。

一个说：‘这孩子将来是要做官的。’他于是收回几句恭维。

一个说：‘这孩子将来是要死的。’他于是得到大家合力的痛打。

说要死的必然，说富贵的说谎。但说谎的得好报，说必然的遭打。你……”

“我愿意既不谎人，也不遭打。那么，老师，我得怎么说呢？”

“那么，你得说：‘哎呀！这孩子呵！您瞧！那么……哎唷！哈哈！呵呵！呵、呵呵呵呵！’”

老师最后的“哎唷、哈哈”之类无可无不可的话，从表面上看，是对“我”的“既不谎人，又不遭打”这一难题无法断定，不得不支支吾吾；而事实上“哎唷，哈哈”诸如此类的话，正是老师教给“我”达到“既不谎人，也不遭打”这一目的的最好方法，不是吗？

以子之矛　攻子之盾

《韩非子·难一》篇中讲道：

楚有鬻盾与矛者，誉之曰：“吾盾之坚，物莫有能陷也。”又誉其矛曰：“吾矛之利，于物无不陷也。”或曰：“以子之矛陷子之盾，何如？”其人弗能应也。夫不可陷之盾，与无不陷之矛，不可同世而立。

早在两千多年前的战国晚期，思想家韩非就看到，一对矛盾的命题不能同时成立；否则就会犯逻辑上的“自相矛盾”。

思维的矛盾规律要求：在两个互相矛盾和互相反对的命题中，其中必有一假、不能同真。也即要求人们在同一思维过程中，既然断定了事物是什么，就不能再断定事物不是什么，不能前后不一致，是A又是非A。

一般说来，一个人刚说完A是A，马上又说A是非A，像那个卖矛又卖盾的楚人说的那样，这种情况是很少见的，再愚笨的人恐怕也不会这么明显地去和逻辑较量。然而，要存心抹杀真理、故意捣鬼的人，依然会运用“自相矛盾”法，破坏思维的确定性，搞乱两个相互矛盾和相互反对命题之中必有一假，不能同真的逻辑关系，以达到为自己错误观点作诡辩的目的。

运用这种诡辩术的人，有的是赤膊上阵，像德国19世纪的学者杜林。他一会儿论述纯数学产生于纯思维，一会儿，他又说纯数学是经验的产物，是来自外部世界的东西。这两个判断，反映出杜林的思想具有明显的自相矛盾。恩格斯在《反杜林论》中一针见血地质问道：“我们应该相信哪一种说法呢?”恩格斯依据矛盾律，指出：“两种说法不能同真，必有一假。杜林提出两种主张，就是出尔反尔的诡辩。”

也有的诡辩者为了避免被人识破，他们便采用种种隐蔽的方法。1927年前后，上海的一些文人墨客，提出一种理论。认为文学创作应当描写“永恒的人性”，如不这样做，创作就不能长久地保存下来。还振振有词举例说，英国莎士比亚等少数人的作品之所以能流传下来就因为写了不变的人性，而没有写这类作品的则已消失无踪了。这种理论看似“有理论有事实”，但实质仍是披着伪装的诡辩。鲁迅在《文学和出汗》短文中，一语道破他们所玩弄的是“自相矛盾的诡辩术”。

这真是所谓“你不说我倒还明白，你越说我越糊涂”了。英国有许多先前的文章不流传，我想，这是总会有的，但竟没有想到它们的消灭，乃因为不写永久不变的人性。现在既然知道了这一层，却更不解它们既已消灭，现在的教授何以看见，却居然断定他们所写的都不是永久不变的人性了。

矛盾律作为思维规律能保证思维的前后一贯性，使得语句表达具有准确性、确定性。但人不是先学好矛盾律，再去交往的，如同人不是先学好消化规律才去吃饭一样。这样，在现实的活动中，便会不自觉地违背矛盾律，闹出笑话来。

有一个《三项提案》的故事：

有一间礼拜堂多年失修，残破不堪了。请来翻修教堂的建筑师极力主张原地重建一间新的。长老会主席得悉这一报告后说他完全同意，并很高兴地提出三项提案供长老会审议，结果：

一、建筑新的礼拜堂——一致通过。

二、新堂建成以前，暂用旧堂——一致通过。

三、用旧堂的砖石砌新堂——又一致通过。

照这三项决议执行，新礼拜堂永远建不起来。原因很简单，三项决议之间自相矛盾。执行这条，就违背另一条；执行另一条，又不符合那一条。这个故事是虚构的，但现实中类似的例子不是没有。

第二次世界大战时，某国空军曾制定出这样一条军规：如果飞行员被医生断定有精神病，他可以不参加作战飞行，在退出作战之前，他本人应当提出不参加战斗的理由；而假如他意识到自己有病不能参加战斗，那就证明他头脑健全，没有精神病。

这条军规的前后要求也是自相矛盾的。既然是经医生诊断有精神病的可以不飞行，却又要求被断定有精神病的飞行员退出作战飞行前要提出具体理由。如若精神病者有如此能力，那他就不是精神病患者了。如这条军规执行下去，便不会有飞行员因精神病退出战斗飞行。

当然，现实中还有另一种语言表达，看似自相矛盾、语句不通，实则由于语言是约定俗成，用的时间长了，用的人多了，也就有了固定的含义。诸如，“不是问题的问题”“没有办法的办法”“不要太潇洒（很潇洒）”“好得一塌糊涂（好极了）”，等等。

假装糊涂　避重就轻

隋人侯白撰写的《启颜录》中有一故事：

隋朝有人敏慧，然而口吃，杨素每闲闷，即招与剧谈。尝岁暮无事对坐，因戏之云：“有大坑深一丈，方圆亦一丈，遣公入其中，何法得出？”此人低头良久，乃问云：“有梯出否？”素云：“只论无梯，若论有梯，何须更问？”其人又低头良久，问曰：“白白白白日？夜夜夜夜地？”素云：“何须云白日夜地？若为得出？”乃云：“若不是夜地，眼睛不瞎，为甚物人入里许？”素大笑。

故事里，杨素所问的“遣公入其中，何法得出”，问题清清楚楚是怎样从坑里出来。这点辩者也是明明白白，但辩者的回答是节外生枝，避实就虚，左旋右绕，把问题绕成：在青天白日我怎么能掉进大坑里去呢？辩者靠故意曲解法，取消了问题，摆脱了窘境。但其方法却是诡辩。

歌剧《刘三姐》中刘三姐与众秀才们有这样一段对唱：

刘三姐：为何富少穷人多？

陶秀才：穷人多者不少也。

李秀才：富人少者不多也。

罗秀才：不多非少少非多。

对唱中，刘三姐问的是“富少穷人多”的产生原因，凭三个秀才对题义是什么，本该一清二楚，但三秀才却故意曲解题义：陶秀才曲解成“穷人多”的字面意义是什么；李秀才曲解成“富人少”的字面意义是什么；罗秀才曲解成对“多少”的解释。曲解法在三个秀才手中成了歪曲题意的诡辩法。

下面的例子也是故意曲解法的诡辩。

郑国有个姓卜的人，平素夫妻不和。一次，他的裤子穿破了，就叫妻子给重新做一条。妻子买了几尺布，问他：“做什么样式的？”他说：“照我原来那条裤子的样子做。”

其妻按原来的样式做好后，又对照那条破裤子，凡有洞处都照样在新裤子上剪出窟窿，有磨损处也一一照磨不误，使其同那条破裤子几乎一模一样，然后送给丈夫交差。

丈夫一看，火冒三丈：“怎么搞成这个破样？”妻子早料丈夫会有如此反应，便顺手拿出那条破裤子说：“你不是说照原样做嘛！”

丈夫无言以对……

照现在的时装新潮看，这条精心加工的裤子该是绝对时髦的磨白剪洞牛仔裤，但在几千年前，则不可同日而语，其妻所用之法为曲解诡辩也确定无疑。

民国初期作家徐卓呆在《笑话三千》中曾写过一个“互迁”的故事：

一人极好静，而所居介于铜铁匠之间，朝夕噪音聒耳，苦之，常曰：“此两家若有迁居之日，我愿作东款谢。”一日，二匠忽并至曰：“我等且迁矣，足下素许作东，特来叩领。”问其期日，曰：“只在明日。”其人大喜，设酒肴奉饯盛款二匠，酒后问曰：“汝二家迁于何处?”二匠同声对曰：“我迁在他屋里，他迁在我屋里。”

故事中主人所说的“迁居”是要求二匠搬走远离其家，以免锻击噪声之干扰；而二匠故意曲解主人之意，来个双方互迁，家是搬了，但实质未变，噪声源依然如故，搞得主人哭笑不得，还白搭一顿酒席。

故意打岔法也是曲解诡辩之常用手法之一。有一老师教学生的故事：

老师：比利，c－a－t（猫）拼起来是什么意思?

比利：不知道，先生。

老师：你妈妈用什么逮老鼠?

比利：捕鼠夹，先生。

老师：不对，不对。什么动物非常喜欢喝牛奶?

比利：婴儿，先生。

老师：你真笨！是什么东西抓破了你妹妹的脸?

比利：我的指甲，先生。

老师：你真叫我生气，你看院子里是什么kitten（动物)?告诉我，c－a－t拼出来是什么字?

比利：小动物，先生。

老师是多方引导，要学生说出cat的字义；学生是装聋作哑，故意打岔，曲解老师的意思直到最后说出的kitten（具有小猫、小动物的含意)。

当然也有无意曲解的。比如“堂属问答”的故事：

一捐班不懂官话，到任后，谒见各宪，上司问曰：“贵治风土如何?”答曰：“并无大风更少尘土。”又问：“春花如何?”答曰：“今春棉花每斤二百八。”又问：“绅粮如何?”答曰：“卑职身量，足穿三尺六。”又问：“百姓如何?”答曰：“白杏只有两棵，红杏不少。”上宪曰：“我问的是黎庶。”答曰；“梨树甚多，结果子甚少。”上宪曰：“我不是问什么梨杏，我是问你的小民。”官忙站起答曰：“卑职小名叫狗儿。”

这捐班口齿伶俐，反应倒蛮快，可惜不学无术，无意中把问者的原意全部曲解，闹成大笑话。

借力打力　转移话题

问题转换是在论辩中发现自己处于不利地位，难于回答对方所提问题时，故意从对方所提问题中引出新的问题推给对方的方法。这种方法如果用得巧妙，既能使自己顺利摆脱不利局面，顺利脱身，又能嫁“难”于人，使对方进入难堪之地，让其搬起石头砸自己的脚，收到一箭双雕的效果。

美国前任国家安全事务特别助理基辛格，作为老练的外交家，曾多次运用此法逃避困境。

1972年5月27日凌晨1时，在莫斯科的一家旅馆里，基辛格召见美国记者团，介绍当时正在举行的美国和苏联最高级会议关于签署限制战略武器的四个协定的会谈情况。基辛格对苏联情况了如指掌，侃侃而谈，谈完苏联生产导弹的速度每年大约二百五十枚等情况后，微笑道：“先生们，如果在这里把我当间谍抓起来，你们知道该怪谁啊。”无孔不入的美国记者当即接过话头，探问起美国的军事秘密：“我们的情况呢？我们有多少艘正在配置分导式多弹头导弹的核潜艇？有多少枚‘民兵’式导弹在配置分导式多弹头？”基辛格摊摊手，耸耸肩：“我的确不知道正在配置分导式多弹头的‘民兵’式导弹精确数目是多少。至于潜艇，我的苦处是，数目我是知道的，但我不知道是不是保密的。”记者说：“不是保密的。”基辛格反问道：“不是保密的吗？那你一定知道数字，你说是多少呢？”记者万没想到自己会碰上这样一句反问，顿时傻了，只得“嘿嘿”一笑了之。

身为负责国家安全事务的最高官员基辛格，对本国的国防情况不会不知道，但为国家安全着想他也绝不会说到底有多少艘潜艇正在配置分导式多弹头导弹。在这种不说不行、说了也不行的尴尬处境中，基辛格顺手抛出一个“我不知道是不是保密”的问题推给记者，巧妙地转移了问题。一句“不是保密的”回答，使记者们上了当。既然不是保密的，那就是公开的，人所共知的；既然人所共知，那记者就更不例外。基辛格的第二问：“那你说是多少呢？”恰到好处地使记者走到必须自己回答而又回答不了的困境中。

这种手法在外交论辩中常常见到。在现实生活中也不是没有。在学校，教师担任知识的传播者，知识的储备和理论水平都是比较高的，否则也不配当教师。但水平再高，掌握的知识都是有限的，只是某一领域或某一方面精通，万事通是没有的。而学生在学习中往往碰到一些自己解决不了的难题，所以教师辅导学生，就要针对学生提出的一个个问题释难解疑。学生的难题是多方面、多层次的，有的难免超出教师的知识范围。对学生的这些疑难问题，做教师的应该持欢迎态度，同时也应实事求是，与学生共同研究，探索解决疑难的途径。但师道尊严较重的人有时却放不下老师的架子，类似“你为什么要提出这个问题，你对这个问题怎么看，你怎么回答这个问题”之语，经常从这些老师之口传出。结果把问题又转换给学生，让学生哭笑不得。久之必然要疏远师生关系，打消学生提问题的积极性。

由因得果　以果证因

循环论证指违背正常的论证过程，把本来待证明的结论，作为进行推论的论据的方法。

在正常的论证过程中确实的结论，是以真实的论据为前提并进行正确推论的逻辑结果，论题的结论依赖于论据。如果颠倒顺序，把本来待证明的结论自身当作论据，也即用结论证实结论，就是循环论证。亚里士多德移此法为“丐词”，是“预期理由”的一种特殊表现形式。

循环论证把结论作为论据，而论据本身只是一个尚未确知其真实性的判断，用不知其为真实性的判断作论据，不能证明论题的真实性，论证的结果也就等于什么也没有论证。只不过是一种语词的游戏，诡辩的手法而已。

历史上有的循环论证利用了人的种种常识，往往不太容易看穿。在归纳法的正当性的论证上就是如此。亚里士多德第一个论述了归纳法的含义，伽利略和培根全面论述了归纳法的方法意义和性质。他们认为归纳法是可靠的，特殊可以上升到一般。从亚里士多德到培根，经历千年以上，人们对以往论证归纳法的过程没有疑问。到了 18 世纪，英国出了个思想家休谟，向以往对归纳法的论证提出挑战。过去对归纳法正常性的论证是循着这样的思路进行的：我们常常使用归纳推论，并获得了良好的效果，因此我们感到可以继续运用归纳推论。换言之，因为归纳原理在 x1 的场合成功地起作用，归纳原理在 x2 的场合成功地起作用等等，所以归纳原理总是起作用。休谟洞察到其中的问题，认为："这种论证的表述已说明了这种论证是谬误的。我们用来想证明归纳法的正确性的推论本身就是一个归纳推论：我们相信归纳法，就因为归纳法迄今是具有成效的——那是一个乌鸦型的推论，于是我们就在循环往返中运转了。如果我们假定归纳法是可靠的，它就能被证明为可靠的。这是循环推理，这种论证是站立不住的。"

后来，英国哲学家罗素说了个有趣的火鸡故事终结了归纳可靠与否的争论：

刚到火鸡饲养场的一只火鸡发现，第一天上午九点钟给它喂食，然而，身为一个卓越的归纳主义者，它并不马上作出结论。它一直等到已收集了有关上午九点给它喂食这一事实的大量观察。而且，它是在各种情况下进行这些观察的：在星期三和星期四，在热天和冷天，在雨天和晴天。它每天都在它的表中加进另一个观察陈述。最后，它进行归纳推理得出结论："总是在上午九点给我喂食。"哎呀！在圣诞节前夕，当没有给它喂食，而是把它宰杀时就不含糊地证明这个结论是错误的。

这就是思想史上有名的归纳问题的争端。

有了上述的认识，对现实生活中诸如"他是积极分子，因为他工作积极；他工作积极，因为是积极分子""张三家在什么地方？在王五家隔壁；王五家在什么地方？在张三家隔壁"之类的循环论证是不难识破的。

嫁接词义　巧言狡辩

移花接木是最常见的一种诡辩术，属于偷换论题的一种具体招法。这种诡辩术是有意识地将对方的判断或推理暗中加以转换，推出有利于自己的谬论。

具体方法之一，利用语词的多义性加以转换。有父子俩对话：

父亲："你竟敢背着我抽烟，我非揍你不可!"

儿子："爸爸，您别打我，我向你保证：从现在起，我抽烟一定不背着您。"

儿子的回答就是对父亲所提问题进行移花接木的转换。父亲说的"你竟敢背着我抽烟"中的"背着"是不准抽烟之意。儿子则把"背着"二字转换成"不可以背着父亲抽烟"，这样一来，他不仅可以抽烟，还可以当着父亲的面抽烟。

具体方法之二，利用对话双方说出的同一词语具有不同的指称对象加以转换。

有一位司令官的儿子不成才，整日无所事事，游手好闲；孙子却好学上进，是个优等生。司令官常常教训儿子说："我怎么养了你这么个不争气的儿子。"有一天这个不争气的儿子被训得忍耐不住，顶撞起老子说："我的父亲当上了司令官，您的父亲却没当司令官，可见您的父亲不如我的父亲。我的儿子是学校的优等生，您的儿子却不是，可见您的儿子不如我的儿子。既然您的父亲不如我的父亲，您的儿子不如我的儿子，那就是说您在这些方面都不如我，您还凭什么说我不好呢?"

司令官的儿子借用儿子和父亲的关系把责备自己转换成责备他人，这也是一种移花接木。

第六章 发挥语言的魅力

逻辑悖论 凡人难解

语言是人类的机能，是一种以语音为物质外壳、以词汇为建筑材料、以语法为结构规律而构成的符号体系。语言同思维有密切的联系，是思维的工具，是思维的自然物质，是思维的直接现实。所以，思维对于各种事物的反映，一经语言说出，都是符号。

符号作为信息的载体具有两个不同的层次：一是指示语言的意义描述。例如："上海浦东是长江口最大的开发区。"这句话中的"上海浦东"表示存在于长江口上的那个地理上真正的上海浦东，"上海浦东"有所指，有实在意义，按中国古人说法是"实"。按现代逻辑，"上海浦东"在这句话中有指称的对象，可以被分析、被断言，因而是对象语言。二是指示语言文字本身。例如"上海浦东是四个字"。这句话中的"上海浦东"只是指出其在语言中是什么，指示的是语言文字本身，是语词，没有实在意义，是语言的标志，按中国古人的说法是"名"。按现代逻辑，这样的语言是论说、断言对象语言的语言，是元语言。

用对象语言陈述的理论称为对象理论，用元语言陈述的理论称作元理论。对象语言和元语言的区别是相对的，在一定条件下的对象语言转换条件时可能完成为元语言。在《英汉词典》中，英语词条是被解释、被断定的对象语言，进行解释、加以断定的汉语释文则是元语言；在《汉英词典》里，关系倒了过来，汉语词条成了对象语言，英语释文成了元语言。在条件不变的情况下，对象语言和元语言的区别又是绝对的，两者不能混淆，也不能混用。如果不按语言的这种层次划分，用元语言对陈述对象理论，或用对象语言去断定元语言，混淆他们的层次和作用，轻则造成思维无确定性，无法交流、传达准确的信息，重则是诡辩。名实混一法的实质就是故意搞乱对象的名实关系，混淆对象语言和元语言的不同层次、不同作用而形成的诡辩方式。

早在古代，名实混一法就成为名辩家们的一种手法运用到论辩中，《庄子·天下》书中记载战国时代名家中一些辩士所提出的二十一个命题，有许多涉及名实关系。

“目不见”。在这一命题中，“目”有二层语义：一是作为对象语言，也即指“目”的实在意义，指其有“见”的功能，是认识主体的视觉器官；二是“目”也可作为元语言使用，也即从“名”的意义上说，“目”只是一个符号、概念，从这一角度看，确实“目不见”。但这只是语言结构中的一个层次。“目不见”的命题说明古人看到名实关系中名的一面，是认识的一大进步，但他们以名代实，忽视或取消了“实”的一面，就把问题片面化了，命题成为诡辩。

“火不热”命题也是运用上述手法制造出来的。古代辩者通过这一命题揭示出“火”之名不等于“火”之实，因而不具有热之性。换言之，作为对象语言的“火”，有所指是具体的火、知觉上的火，人能觉火而知热；作为元语言的“火”，只是语词，是概念上的火，人只能知火之名，而不觉有火之热。“热”作为元语言也是概念，也是共相，人不能知觉到。蒸气热而非火，火星以火命名而又不热，从这些现象中古代辩者看到火与热两者可分离，人能离实而言名。这表明古人认识有深入、进入思维的抽象性层次，能把对象的某个片面拿出来进行专门探讨。但分析不能代替综合，思维能离实而言名，对“名”进行深入一步探讨，但这只是认识的一个方面，把这一方面夸大成全部，从逻辑上说，就是诡辩。

“鸡三足”命题。这是名家通过“鸡足一，数足二，二而一，故三”推论过程得出的。这一推论中，名家辩士对名和实是各取所需。“鸡足一”中的“鸡足”是语词，表示鸡足之概念，是“名”，属元语言；“数足二”中的“数足”表示具体经验上鸡足的数目，是“实”，属对象语言。然后他们把代表“名”的“鸡足一”和代表

“实”的“数足二”相加得出“鸡足三”的结论。实际上两者各有特定的含义，两者不同类，不能相加。其错误实质仍然是混淆名实关系。其他如“山出口”“指不至，至不绝”等命题也是运用上述方法提出的。

混淆对象语言和元语言层次，搞乱名实关系的典型例子，源自古希腊的一个美丽传说：

很久以前，古希腊的克里特岛上住着一个名叫厄匹门尼德的人。他年幼时，有一天跑到一座荒凉的小山丘玩耍。玩累了以后，走到一个常去的山洞休息。不料，他在山洞里一下睡着了。这一觉竟睡了五十七年。他醒来后，发现自己已经成了大学者，谙熟哲学和医学，并能预知将来要发生的种种事件。于是，岛上的人称他为“先知”。据说他喜欢和人讨论一些难以解答的问题，借以显示自己具有非凡的智慧。一天，他在和别人讨论关于克里特岛人是否诚实的问题时，厄匹门尼德断言：

“所有克里特岛上的人都是说谎者。”

由于厄匹门尼德本人也是克里特岛人，这就给判断此断言是真是假带来了麻烦。如果他的这句话是真的，那么他本人也不能排除在外，他也是说谎者。说谎者自然说假话，因此这句断言应当是假的。如把这个断言稍加改动，变成“说谎者说：‘我在说谎。’”就构成真正的悖论。

对这种涉及自身的句子是无法断定其真假的。如果他的话是真的，那么“说谎”就意味着他在说假话；如果他的话是假的，那么就意味着他没有说谎，他是在说真话。这样，由其真可推出他的话是假的，而由其假又可以推出他的话是真的。这岂不是自相矛盾，然而却是事实。这就是有名的“说谎者悖论”，困惑西方两千多年，直到现代才得到初步解决。

波兰语言学家塔斯基认为这种语义悖论的根源是混淆了语言层次。比如：厄匹门尼德的断言“所有克里特岛上的人都是说谎者”这句话就混淆了语言层次。一是克里特岛人说克里特岛人，涉及自身；二是这句话断言了对象语言的真假性，应该属于元语言。对象语言中出现元语言，把句子的断言作用和被断言作用混淆起来，句子将变得无意义。塔斯基主张，为了避免这种混乱，必须清楚地把语言和对语言作出陈述的元语言区别开来，并且把“真”和“假”这样的词仅仅看成元语言的谓词。由此他完善了对象语言和元语言的划分，较好地解决了语义悖论问题。

多重含义　全凭解释

语言是由语句组成。语言、语句有着本身特定的结构和规则，只有依照这些语法说出的句子才有相应的意思，而改变了语句的语气、停顿、口气，就会造成语句歧义、语义模糊，而导致诡辩的手法。具体手法有：

模糊施受关系。如：“反对的是个别人”这句话，就有“反对者是个别人”和“被反对者是个别人”这样两种含义。

利用某些特殊语句结合后形成的多重含义。过去的算命、拆字先生往往利用这种诡辩迷惑人。

例如，你想问问自己父母的生死情况，算命先生说：“父在母先死。”这句话有父母生死的七种可能性：父在母死；母死父在；父母均死但父先死；父母均亡但母先死；父母均健在，但将来父先死；父母在，但母将先死；父母同时死等都统统包括进去。其中仅最后一种可能性极小，除意外事故外，不会出现。现实的父母情况就是前六种。一句“父在母先死”在这六种情况下全都解释得通。其实算命先生什么断定也没下，听的人不知其故，还觉得说得对。在这里是钻了语焉不详的漏洞。

当然语焉不详如用得好也可起保护作用。

古代曾有位姓张的老者，原有一女，招赘一女婿入门。后小妾给其生一子，取名一飞。一飞四岁时，老者死去。病重时老者对其女婿说：“小妾生的儿子没有资格处理我的财产，理应全都给你们夫妻。你们只要养活他们母子，饿不死冻不着，你们就积了阴德了。”口说无凭，于是留下遗嘱一份，写道：“张一非我子，家财都给女婿，外人不可来争夺。”女儿女婿就全部拥有了张老者的家财，毫无纷争。十数年后儿子长大了，诉状到官府，要求分一部分家产。女婿拿出老者的遗嘱交到官府查验，官司自然判女婿胜诉。儿子不服，过了一段时间，刚好有位钦差到此地巡视，便又状告此事。儿子把状纸、女婿把遗嘱送到钦差大人那里。此次，钦差研究了那个遗嘱，添了一个字，改了标点便成为：“张一非（飞）我子，家财都给他。女婿外人，不可来争夺。”接着说：“你老丈人明白无误地说了女婿外人，你还敢霸占他的家产吗？他故意把‘飞’写成‘非’，就是考虑到他儿子年纪还小，怕被你伤害罢了。”于是，张家的财产全部判给了小妾所生的儿子张一飞。人们纷纷称赞张老者的先见之明，用一纸模糊遗嘱，保全了儿子和家产。

有些文法结构虽然合理，但使用中对不同的领会者，有不同的含义，也容易造成语焉不详。例如：“下雨天留客天留我不留。”这句话语法无问题，但确切含义是什么，不清楚。为什么呢？使用不同的节拍和停顿，会有下面三种意义：下雨天留客，天留我不留；下雨天，留客天，留我不？留；下雨天，留客天，留我不留？一句话有三层意思，各不相同，给领会者造成困难，给诡辩者以可乘之机。

含糊语句。这是现实中出现最多的，最易误解的一种类型。如：“三个学生的家长”是指三个家长，还是一个家中有三个学生的家长，没有说清楚。再如：“他利用职权包庇流氓儿子的罪行已经揭露，有关单位也正在检查。”这句话中的“罪行”究竟是“他的”还是“他儿子的”？如果他确实犯了包庇罪，包庇的对象是他的儿子，还是别人的儿子？“流氓的儿子”，儿子是流氓，还是父亲是流氓。句中的“有关单位”是“他的单位”，还是“儿子”的单位或其他什么单位？“有关单位正在检查”中的“检查”是什么意思呢？是正在“调查”这件事，搞清事实经过，还是因为出了这件事，犯了错误，进行“检讨和反省”？

制造暗示　先声夺人

辩论在论辩阶段，双方都有责任为自己的观点提出与论题相关的论据，使辩论得以正常进行。而语句障眼法则是诡辩者利用种种语句，试图摆脱举证论据的责任，诱使对方相信自己没有证据的观点的正确性。

用包含自明之意的语句强调辩者的观点是某种自明之理，不容争议。常用的做法是在自己主张的观点前面或后面加上诸如：

“再清楚不过的是……”

“众所周知……”

“人所共知……”

“头脑清楚的人不会怀疑……”

“无须解释的是……”

这些语句有一种暗示，谁怀疑其观点，谁让其举出证据做进一步解释，谁便愚蠢至极。见到这些语句，对方不得不望而却步。实际上，这些语句很可能是一种障眼法，是诡辩者靠其掩盖其论点虚弱的烟幕，防止对方进一步追击的盾牌，靠这类的烟幕和盾牌的掩盖可轻而易举地停止对方对自己观点的怀疑，进而接受其论点。这类语句可统称自明表达式。

自我担保式。运用诸如：

“我可以向您保证……”

“请绝对相信我……”

“我确信……”

“我坚信……”

“没有理由不相信……”

“我以人格担保……”

这些语句，说明自己完全可以担保观点的正确性。靠这种方式，诡辩者把举证论据的责任推卸掉，或变相把自己的道德品行、人性、誓言等变成论证的证据。实际上这些保证、誓言与要证明的论题根本无关，但用上了这些语句，无形中给对方施加了压力，对方不敢轻易提出疑点和反驳。

“本质”推卸式。是回避举证论据的另一种手法。例如，下面的句式属这种封闭式形式：

“从根本上说，法国人是很偏狭的。”

“现在的年轻人很懒。”

“妇女有占有的天性。”

在此种类型中，诡辩者避免使用量词，而用所有、有些、大部分等词对句子进行限定，同时又常常加上一些没有确定指向的、不固定的“本质式的”修辞手段，如“真正地”“从根本上说”“从性质上说”“从实质上说”之类的词，使语言或句子表达的论点与内容没有明确的限定。什么时候论点才算完全被维护，让人弄不清楚；何时算否定了论点，搞不明白；需要多少例证才能有效，让人无法确定。

比如，讨论中对方如果提出几个显示妇女并没有什么占有欲的例子，以反驳“妇女有占有的天性”，但仔细一分析，反驳是无力的，因例证和论题没有关系，论题没有数量词，即没有确指是所有妇女还是大部分妇女，所以用数量去反驳是无效的。辩者运用这种方式还可以有目的地给论点设置一道防止批评的防线，运用这种方法进行诡辩是一种更具理论伪装的狡辩，我们要注意识别。

利用歧义　说话占理

词语是人们说话中的声音，书写中的文字，是概念的物质载体，而概念则是词语的思想内容。最初，词语和概念是一一对应的关系。随着历史的发展，文化水平的提高，词语与概念的关系也复杂起来。出现一义多词，如旅店就有宾馆、招待所、旅社、饭店、大车店、驿站等词表述；出现一词多义，如“花”与不同的词构成的词组中有不同含义：“花朵”“花色”“花枝招展”“花哨”等；同一词组在不同的语境中有不同的含义，如“算了”是指计算过了呢？还是不予追究了呢？要据语境而定。如果不注意词语的这些变化，就要闹笑话。

前几年有一个科技代表团访问美国。有一天，一位华裔老科学家来到代表团驻地看望老朋友。有位团员向老科学家问候说：“您爱人身体好吗？”老华裔听后，满脸不悦，气氛很尴尬。还是精通美国文化的副团长补充一句："啊，我们是问您太太身体好吗?"对方这才恢复常态，并说："我是七十多岁的人了，今天我儿子也在场，你们竟问起我的情人来了。"

原来，我们说的爱人指丈夫或妻子，而美国的爱人仅指"情人"，不具妻子之意。问候者不知"爱人"一词的含义在中、美两国有天壤之别。不知者不怪，这只能算不懂词语的多义性而造成失误。

对于那种故意利用词语的多义性，否定不同语境下同一词语的不同含义的做法，则另当别论，那是故意造成词语的歧义，以达到某种目的，属词语歧义法诡辩。如有师徒对话：

师傅：你怎么上班看书?

徒弟：我看的是杂志。

师傅：杂志也是八小时之外看的。

徒弟：对，我看的就是《八小时之外》。

师傅无言以对。

徒弟在这里就是运用词语多义法为自己的错误行为进行诡辩。第一步用看杂志否定是看书，书的广义包含杂志，但徒弟用看"杂志"否定是看书。第二步，师傅说的"八小时之外"在这一语境下指闲暇时间，徒弟的回答变换了语境，《八小时之外》是杂志名称。

还有这样一个推论：有意杀人者应处死刑，行刑者是有意杀人者，所以，行刑者应处以死刑。显然，其结论是极端荒谬的。它利用了词语歧义法，故意违背了同一词语在不同语境有不同的含义的规则。"有意杀人者"在两个前提中有不同的含义。"有意杀人者应处死刑"中的"有意"是指为满足自己的私欲，有目的、有计划实施犯罪，"杀人"是杀无辜的人。"行刑者是有意杀人者"中的"有意"是根据有程序的法律判决，代表大众的意愿，奉命进行，"杀人"是杀犯了当杀之罪的犯人。

再如以下推论：日本兵大多个子很小，所以，日本军队是小军队。此推论混淆了两个"小"的含义。日本兵很小的"小"字指身材矮小的小，而日本军队很小的"小"，则指规模大小的小，不能从身材矮小推断出军队规模小。

当然，还可巧用词语歧义法。包公曾用此法智断婚姻案：

蔡村财主之子李正频幼时与同村员外之女庄小姐订了婚。不料李正频十八岁时，一把火把家财全部烧光，嫌贫爱富的庄小姐由此见异思迁，又同有财有势的钱秀才订了百年之好，因此庄小姐有了两个未婚夫。此事被李正频得知，便一状告到开封府包大人处。包公令差役将庄小姐、钱秀才传到堂上审问，本希望说服他们解除婚约，使庄小姐重归李正频。但庄小姐执意不从，包公一看强劝不成，只得智取。于是让钱秀才、庄小姐、李正频三人面向包公竖排跪下，小姐前面跪着钱秀才，后面是李正频。包公有言在先："公道无戏言，你愿同前夫结婚，还是愿同后夫结婚，由你自己选择，但一经认定就不能改口。"包公一边让师爷成文，让小姐画押，一边说："庄小姐究竟贤惠，不嫌贫穷，还是认定要同前夫结婚。"于是对李正频说："庄小姐已自愿认定你这个前夫，你们回去成亲吧。"此时，庄小姐明白过来，可木已成舟，一想李正频也不错，也就不再计较了。

包公在断此案时，站在李正频一方，有意促成他们的好事，故意利用词语歧义来询问庄小姐，引她上当。"前夫"这个词语有两个词义：一可指前面跪着的未婚夫，二可指前面订婚的未婚夫。庄小姐说的前夫是指跪在前面的钱秀才，而包公却给解释成以前与庄小姐订了婚的李正频。利用"前"字的不同所指，包公解决了这个难题。

化零为整　不辨事实

合举误推，指在推论中把整体某部分属性，强加到整体上，或依据某一集合体的个别因素、个别构成分子的属性，推论整个集合体也具有这种属性的方法。

最早提出这种方法的是亚里士多德，他称此法为"合谬"。但现代说的"合举误推"与"合谬"已有所不同，范围已经大大扩展了。

"合举误推"也是诡辩的常用手法之一，推论中，这种诡辩手法涉及的范围还是比较广的。例如下面这个推论：

"一只大象吃的东西比一只老鼠吃的多，所以，大象吃的东西多于老鼠吃的东西。”

表面看推论似乎有理，但是，它其实是“合举误推”的诡辩。因为从个体讲，一只大象是比一只老鼠吃得多，但这只是个体消耗的比较，这个个体消耗决不能推广到整体比较中。在整体比较中，大象的数量总和和老鼠的数量总和要起作用。现实中老鼠的数量的总和要远远大于大象的总和，所以其推论是错误的。以下也是类似的例子：

“人体是由细小的细胞组成的，所以，人体是细小的。”

每一个细胞虽小，但构成人体的细胞数量却达天文数字，而且不断新陈代谢，积小成大，所以其结论是错误的。

“现实中每个人的认识都是有限的，所以，人类的认识是有限的。”

确实，现实的人生活在具体的社会中，受其个体文化知识、智力水平以及社会实践条件的限制，每个具体的人认识是有限的。但人类整体则完全不是这种状况，从数量说，是无法计算的，是随世代的延续无穷尽的，而且社会生产力也是无穷发展的。在这动态的发展中，人类的认识能力的发展也是未有穷期。所以，决不能把现实具体个人的认识属性不加分别地推广到人类总体上去。这种推论的实质是以有限代替无限。

下面的例子：

一个人坐着时，他是能够行走的。

这样说在语句表达上是可以的，也是正确的，如人坐在马车等交通工具上时。但这种语句不能合起来讲：

他能在坐着时行走。

这就是亚里士多德从语句方面讲的“合谬”的谬误，即把不能合的语句合起来了。

需要指出的是对有些运用“合举误推”得出的结论，有时会起到敲警钟的作用。

化整为零　均沾特征

在语句中，有的词语是反映事物的整体特性的，而有的词语是反映整体各部分的具体属性的；有的词语反映的是事物的绝对性质；有的词语反映的是事物的相对性质。就以事物自身说，有的事物整体是有结构的整体。如：一部小说，它不是任意组合起来的句子；有的事物的整体本身没有结构，如沙滩只是不同数量沙粒的总和。整体构成不同，决定表示相对性质的词不能简单地转给其部分。

而分举误推就是不考虑上述种种区别，把本来属于整体的属性，不恰当地转移到某一部分属性上，造成错误结论的方法。

例如这样推论：

由“中国军人是勇敢的”，推出“我是中国人，我是勇敢的”。

由“中国人是伟大的”，推出“小李是中国人，小李是伟大的”。

由“群众是真正的英雄”，推出“我是一名普通的群众，我是真正的英雄”。

这些例子均属分举误推。例中提到的整体都是有结构的，整体的特性是大多数个体优秀特性的结晶，是大多数个体合力的结果，并不表示每个构成部分均有整体的属性。把整体的属性无一例外地推到每个构成成员上，必然是谬误的结论。

在生活中，人们都有购物的经历。人们在购物时，都是反复比较挑选的。即使买某种合格率达 99% 的商品时，也不例外，依然认真。为什么呢？因为合格品比例虽高，但并不是 100%，并不能保证每件产品都是合格品。如不挑选，那 1% 的非优质品就可能落到你的头上，这时对你来说 99% 的高比率合格率一点意义没有，落到你头上的是 100% 的不合格品。这就是说产品 99% 的合格率是对总体而言的，它不是说每件产品的合格率是 99%，整体的属性不能简单地推广到其构成部分上。

分举误推最早发现者是古希腊的亚里士多德，在西方思想史上他第一个系统地给种种诡辩分了类。在《辩谬篇》中，他从语句的角度提出，把不能分的东西分开就是分举误推。比如“八等于三加五”这句话是正确的，而把这句话分开讲成“八等于三，又等于五”，就是分举误推。这是分举谬误的基本含义。

话里有话　存心下套

复杂问语法是引诱人上当的一种诡辩术。是在问句内暗地里埋伏下一个假定，无论你回答“是”或“否”，都在无形之中先承认了这样一个也许与你根本无关的假定的方法。这类诡辩术手段应用很广，常见的有偷换概念含义的复杂问语法和隐含命题的复杂问语法。

偷换概念含义的复杂问语法，是利用概念的多义性进行诡辩的。如：

甲：你是人，还是东西？

乙：我是人。

甲：那就是说，你不是东西？我早就看出你不是个东西。

第一句的“东西”是物品，第三句的“不是东西”则是恶毒的人身攻击。如乙回答“我是东西”，那也可以说“你不是人，我早就看出你不是人。”“不是东西”与“不是人”词不同，含义一样，乙无论怎样回答都是挨骂。

隐含复杂命题的复杂问语法，则无论答者如何回答，都意味着承认其中隐含的命题。如有人对你提出一个问题：“你现在还爱拿人钱包吗？”一般说来，你可能有两种答案：一是“不爱拿了”，二是“还爱拿”。二种答法，都于无形中先承认了一个也许与你根本无关的前提：你是爱偷人家钱包的。这句复杂问语是违反逻辑的，所以对这种问题，不能轻易简单地回答，而是具备敏锐的洞察力，予以反击。

我们了解了复杂语法，不仅能正确识别这类诡辩，正确反击它，而且在某些场合下，还可使之为我所用。据说美国总统华盛顿年轻时运用此法要回了被邻人偷去的马。

有一次，邻人偷了华盛顿家的一匹马。华盛顿同一位警官到邻人的农场去索要，但邻人拒不归还，还声称是自己的马。华盛顿用双手蒙住马的双眼，对邻人说：“如果这马是你的，那么，请你告诉我们，马的哪只眼睛是瞎的？”

“右眼。”

华盛顿放开蒙右眼的手，马的右眼是好的。“我说错了，马的左眼才是瞎的。”邻人急着争辩道。

华盛顿拿开蒙左眼的手，马的左眼也不瞎。“我又说错了……”邻人还想狡辩。

“是的，你错了。”警官说话了，“证明马不是你的，必须把马还给华盛顿先生。”

华盛顿略施小计，把隐含的命题“此马一只眼是瞎的”加到复杂问话中，使偷马者上当露出破绽。当然这种方法属于诱供，在法庭上是不能使用的。

第七章

走出思维的误区

中项不周

三段论是由三个不同概念和三个判断构成的。根据它们在三段论中的位置，分别给予特定名称。请看下面的三段论推理：

凡人都会死。（大前提）

苏格拉底是人，（小前提）

所以，苏格拉底会死。（结论）

结论中的主语称“小项”，例如“苏格拉底”。结构中的谓语称为“大项”，例如“会死”。在结论中不出现的名词称“中项”，例如“人”。含有大项的判断是大前提，含有小项的判断是小前提。中项起着联系大小前提的作用，地位在三段论中举足轻重、非同小可，掌握着三段论的命脉，但在结论中不出现。

根据三段论规则，中项在前提中至少周延一项，如果两个中项在前提中都不周延，就违反了三段论规则，犯了“中项不周”的逻辑错误。因为中项如不周延，就无法把大项和小项联系起来，也就起不到媒介的作用。

例如，我国古代的名辩学家惠施，就提出过一个“犬可以为羊”的命题，其推论：

羊是畜类四足兽，

犬是畜类四足兽，

所以，犬就是羊。

这个三段论里大前提中的“畜类四足兽”，只用它属“羊”的那一部分范围，没有周延，中项与大项联系的部分和中项与小项联系的部分，不是一回事，中项也就起不到联系的作用，结论自然是错误的。

但这种“中项不周”的错误推理，有时偶尔会得出符合实际的结论，例如：

一切民族主义者都有自我牺牲的精神。

方志敏具有自我牺牲的精神，

所以，方志敏是民族主义者。

这个三段论，结论虽然符合实际，但仍是一个“中项不周”的错误三段论，推论不符合逻辑，内容虽对，但形式是错误的。因为中项“具有自我牺牲精神”在三个前提中都不周延。换句话说，虽然大前提断定了“一切民族主义者”都有“自我牺牲精神”，但“民族主义者”只是属于“具有自我牺牲精神”之列的一部分。如若把小前提的小项换成另外一个具有自我牺牲精神的人，错误就会立即显现出来：

一切民族主义者都有自我牺牲的精神。

苏格拉底有自我牺牲的精神，

所以，苏格拉底是民族主义者。

由于这种“中项不周”的推论具有迷惑性，不易被人觉察，所以，容易被诡辩者所利用。那个自称是“天才理论家”的陈伯达曾运用此法论证过：

“墨子不是把知行看成分裂的，而是看作统一的，因此，墨子是中国古代辩证唯物论的先驱。”

这句话可还原成下面的推论：

辩证唯物主义者都是把知行看成统一的。

墨子是把知行看成统一的，

所以，墨子是辩证唯物论者。

陈伯达所玩弄的正是“中项不周”的诡辩，“天才理论家”闹出天大的笑话！

鲁迅在杂文《论辩的魂灵》中，揭露了一些荒谬推理：

“洋奴会说洋话，你主张读洋书，就是洋奴。”

如把读洋书等同于说洋话其推理是：

洋奴会说洋话。

你会说洋话，

所以，你是洋奴。

推理中“说洋话”作为中项，二次都不周延，故是“中项不周”的诡辩。

四概念法

“四概念法”是故意违背三段论推理规则而形成。任何一个三段论，必须有三个不同的概念，不能少于三个，也不能多于三个。如果在一个三段论中只有两个不同的概念，两个概念中其中一个概念为中项，那么大项和小项均为另一个概念，这样的推论只能是同语反复。如果在三段论中出现四个不同概念，那么，大项 M 与一个概念 N 相联系，小项 S 又与另一个概念 L 相联系，两个前提没有了共同的中项；而共同的中项起着联系大小前提的作用，大小前提没有了联系，也就无法推出结论，这就是“四概念法”。

常见的“四概念法”错误有混淆集合概念和非集合概念。例如：

胡适的著作一天是读不完的。

《纪念丁文江》是胡适的著作，

所以《纪念丁文江》一天是读不完的。

在这个三段论中，虽然“胡适的著作”这个词语在大前提和小前提中各出现一次，似乎是一个中项，但仔细检查就会发现，“胡适著作”在两个前提中含义是不一样的。大前提中的“胡适著作”指的是胡适的全部著作，是一个集合概念；而小前提中的“胡适著作”是非集合概念，指的是“胡适著作”中的一篇，二者虽同形但分属不同的词类。因此，推理中中项虽然使用了同一个词语，但逻辑上是两个意义，故是“四概念法”错误。

另一种常见的错误，中项虽然是同一类词，但这个中项是同意型的多义词。例如，《战国策·秦策》中有个故事说：

梁地有个叫东门吴的，他的儿子死了，但他一点也不悲痛。妻子奇怪问道："你是很喜欢儿子的，现在儿子死了，你却一点不悲痛，这究竟是为什么？"东门吴回答道："我曾经没有儿子，没有儿子的时候我不悲痛；现在儿子死了，也就是没有儿子了，我为什么要悲痛呢？"

据此故事，可整理出东门吴的推理形式：

无子时不忧。

子死同无子时，

所以，子死不忧。

推理前提中的两个"无子时"，字同、音同、形同、类也同，而且字面意义也相同，都是"没有儿子的时候"，但关系上下文，两个"无子时"却有不同的特定意义。大前提中的"无子时"是指儿子还没有出生；小前提中的"无子时"是指儿子死去了。实际上，一个"无子时"分别指代两种情况，代表两种意义，显然，这也是"四概念"，结论也必然是错误的。

四概念法作为诡辩在现实生活中也经常有所表现，如在论辩中注意做到认真审核三段论推理形式中的中项含义，便不难识别这种诡辩。

不当周延

在三段论推理中，违反了在前提中不周延的大小项在结论中也不得周延的规定，就是不当周延。它是运用三段论推理，进行诡辩的方法之一。因为大项或小项的外延在前提中没有被全部断定，在结论中却被全部断定了，就必然扩大结论的断定范围，使结论不是前提的逻辑结果，而是或然式主观臆断的产物，为诡辩提供可乘之机。

其表现形式有两种：一是"大项扩大"，即大项在前提中不周延，而在结论中周延了。如：

巧克力是可以吃的，

糖块不是巧克力，

所以，糖块是不可以吃的。

显然，结论是错误的。“糖块不是巧克力”是对的，但它可以吃。错误的原因在于在大前提中，巧克力是可以吃的所有东西的一部分，而不是全部，“吃的”在这里不周延，而在结论中却周延了。同样下面的推理：

大豆是油料作物，

花生不是大豆，

所以，花生不是油料作物。

结论也是错误的。原因是大项“油料作物”在结论中不当周延了，犯了“大项扩大”的错误。

二是“小项扩大”，即小项在前提中不周延，在结论中周延。如：

我是军人，

我是青年，

所以，青年是军人。结论显然错误，青年人都成了军人。错误在于：小前提“我是青年”中的小项“青年”不周延，我是青年中的一分子，不是全部；而结论中的“青年”的范围，和小前提中的青年不是一回事，是周延的，指青年全体。推论犯了“小项扩大”的错误。

鲁迅一九二五年发表的《论辩的魂灵》一文中，对当时的顽固派和许多反改革者的奇谈怪论作了揭露，文中说道：

二十年前到黑市买得一张符，名叫“鬼画符”，虽然不过一团糟，但帖在壁上看起来却随时显出各样的文字……今年又到黑市去，又买了一张符，也是“鬼画符”，但帖起来看，也还是那一张，并不见什么增补的修改。今年看出来的大题目是“论辩的魂灵”，细注道：“祖传老年中年青年‘逻辑’扶乩灭洋必胜妙法太上老君急急如律令敕。”今谨摘数条，以公同好……

您说甲生疮。

甲是中国人，你就是说中国人生疮了……

上面的这一条可列成三段论如下：

甲生疮，

甲是中国人，

所以，中国人生疮。

“鬼画符”上的这个三段论是错误的，其原因在于小前提中的“中国人”只是指中国人中的一个人，在结论中的“中国人”指全部中国人，小项在前提中不周延，结论中周延了，因此，顽固派的“祖传逻辑”是必错无疑了。

小项扩大法是从逻辑形式上得出的，此类诡辩法与非形式的“以偏概全”法直接相关。

双特前提

特，指特称。两个前提均是特称判断即为双特前提。这种三段论其结论真假不定，是不正确的推理形式。

这种方法有时可得出貌似正确的结论。如：

有的植物是蘑菇，

有的蘑菇有毒，

所以，有的植物有毒。

结论内容尽管与事实相符，但这是一个“双特前提”的错误三段论推论，尽管把小前提放到大前提之前，突出“中项”的连接作用，但“中项”还是不能把前提和结论必然联结在一起，推理的形式是错误的。

由于这种推论的真假不定性，“中项”联结的似是而非性，很容易被诡辩者利用造成“双特前提”法诡辩。有这样一个故事：

古时候某地有个无赖，平时好逸恶劳，不务正业，依仗胳膊粗、力气大，横行乡里，张口就骂人，抬手就打人，几乎无恶不作。村民有的被他打伤，有的致残，他们忍无可忍，便一状告到官府，要求对他绳之以法。当官府提审他时，他竟大言不惭地申辩道：“被告官的不一定都是坏人，好人被诬陷是常有的事；有的动手打人的人被告官，我就是；所以，有的动手打的人是好人。就像学生有错，先生打他手板是应该的一样。”

故事中这个无赖的推理是：

有的被告官的人是好人，

有的动手打人的人被告官，

所以，有的动手打人的人是好人。

推理貌似有理，实则是“双特前提”的诡辩。推理中两个前提都不周延，中项“被告官”无法联结两个前提，所以结论不能从前提中推导出来。

对“双特前提”只要举几个反例就能揭露它的荒谬性：

有的日本人爱游泳，

有的爱游泳的是中国人，

所以，有的日本人是中国人。

有的男人是舞迷，

有的舞迷生过小孩，

所以，有的男人生过小孩。

有的男人会做菜，

有的会做菜的是女人，

所以，有的男人是女人。

双否前提

在一个三段论中，如果两个前提都是否定的，就不能得出结论。其原因在于大前提中的大项与中项互相排斥；小前提中的小项与中项也互相排斥。这样，中项起不到联结小项和大项的桥梁作用，小项与大项的关系无法确定，也就不能必然地推出结论。如违反这一规则，则叫“双否前提”的谬误。例如：

车工不是钳工，

小王不是钳工，

所以，小王是车工。

这个三段式推不出必然的结论。虽然知道“车工不是钳工”和

“小王不是钳工”两个否定式前提，但中项“钳工”由于否定前提，不能与“车工”和“小王”联系起来，也就是说，不能由“小王不是钳工”就断定“小王是车工”或“小王不是车工”。如硬要得出结论，结论只具有或然性。例如：

日本不是大陆国家，

日本不是热带国家，

所以，大陆国家不是热带国家。（或：所以，大陆国家是热带国家。）

按“双否前提”，两个结论全部是错误的。

例如：

所有的三角形不是圆形，

所有的三角形不是四边形，

所以，所有的圆形不是四边形。（或：所以，所有的圆形是四边形。）

这一推论，两个结论一对一错。

这两个三段式，推理形式都是荒谬的，结论也是或然的。

如故意用“双否前提”去推论，则可使之成为诡辩术。

例如：

所有的猫不是狗，

所有的狗不是猫崽，

所以，所有的猫崽不是猫。

结论荒诞不经。检查其前提不难看出是“双否前提”之推导。除非无奈，诡辩者很少使用此法。

不当肯定

在三段论中，如果前提中有一个是否定判断，则结论中只能是否定判断。

由于前提中的否定判断，既可能是大前提也可能是小前提，从而造成前提中各项之间具有两种关系：一是中项与大项相排斥而与小项相联系，二是中项与小项相排斥而与大项相联系。

无论出现哪种情况，小项与大项之间必然是一种否定的联系。因此，结论必然是否定判断。先看大前提为否定判断的例子：

迷信都不是科学的，

算命是迷信，

所以，算命不是科学的。

推理大前提是否定判断，断定“迷信”活动都与“科学的”活动相排斥；而小前提是肯定判断，断定“算命”属于“迷信”。这样三项之间的关系就是，中项“迷信”，一方面以排斥关系联系上大项“科学”，一方面以包含关系联系上小项“算命”，结果使小项“算命”与大项“科学”相排斥，结论必然是否定的。

再看小前提为否定判断的例子：

物理学是科学，

看风水不是科学，

所以，看风水不是物理学。

这个三段论的大前提是肯定判断，断定“物理学”与“科学”是种属关系，“科学”包含“物理学”；小前提则是否定判断，断定“看风水”与“科学”是排斥关系。这样，中项“科学”一方面以种属关系联系上大项“物理学”，另一方面以排斥关系联系上小项“看风水”，使小项“看风水”与大项“物理学”相排斥，结论必然为否定。

但是，如若违背上述原则，从否定的前提中推出肯定的结论来，这就是“不当肯定”的谬误。例如前边两个例子都改为肯定结论，“算命是科学”“看风水是物理学”，一眼就可以看出是错误的。

不当换位

换位法，即通过互换原判断的主、谓项位置得出新的判断的方法。换位法能多侧面反映事物，多角度表达思想，有利于进一步加深人们的认识，也使语言表达多一种选择，使说话行文更灵活多样。例如：科学不是迷信，换位为迷信不是科学。一正一反，把思考的重点由“科学”改变为“迷信”，使认识更全面。

但是，换位法不是任意进行的。如“鸡是两条腿的”，绝不能推出“两条腿的都是鸡”。

由于判断中主、谓项的周延性（指包括外部外延）不同，所以换位时有不同的要求，其规划是，在前提中周延的概念，在结论中不得周延。如果违反这一规则就是不当换位。不当换位容易闹出笑话，为达某种目的故意使用就是诡辩术。

《伊索寓言》中有个“狗吃海螺”的故事：

有只很喜欢吃鸡蛋的狗，有一天看见一只海螺，误认为是它最喜欢的鸡蛋，就张大口吞了下去。不久，感到肚子不对劲，疼痛极了。于是哀叹道：“我真是活该，相信凡是圆的东西都是鸡蛋。”

狗为什么会吃如此苦头呢？原因在于狗作了错误的换位推理。由于看到“一切鸡蛋都是圆的”，那么也可以说“一切圆的都是鸡蛋”了。但狗肚子痛的事实教训了它，这两个判断根本不是一回事。

有一则拉丁谚语，意思是：

“犯错误是人之常情，但坚持错误是愚蠢的。”

有一位不太高明的翻译把它译成：

“人之常情在于犯错误，而愚蠢则在于坚持错误。”

翻译先生在翻译中，把原话全换位了。本来那句拉丁谚语是说犯错误是人之常情之一，坚持错误是愚蠢表现之一，除此外，人之常情也好，愚蠢也好，都还有很多其他表现；而全换位后，变成人的全部常情就是犯错误，愚蠢就表现在坚持错误上，没有其他表现。其结论之荒谬显而易见。

两难推理

普罗泰哥拉是古代希腊的著名学者，以教授辩论术为生。一次，一位名叫欧提勒士的人向他学习法律。学习前约定：学习期间，学生只付一半学费，另一半则待欧提勒士走上法庭打赢第一场官司时再付。但欧提勒士毕业后，迟迟不愿上法庭出任律师，于是另一半学费便拖欠下来。老师盼钱心切，即状告欧提勒士说：“如果欧提勒士打赢这次官司则他应据合约马上付清另一半学费。如果欧提勒士打输这次官司则他应据判决即刻付清另一半学费。这次官司欧氏或赢或输，他都得付清另一半学费。”

面对如此诉讼，似乎欧氏必付费无疑。然而，欧氏不愧为名师之高足，大有“青出于蓝而胜于蓝”之势。稍思片刻，即以老师之“道”还击应对，提出“如果我打胜这次官司，依据判决我不必支付另一半学费；如果我败诉，依据合约，我也不必支付另一半学费；这场官司无论我胜我败，我都不必支付给老师另一半学费”。

诉讼双方，都以法庭和合约作论据，论证理在自己一方，这就是有名的“半费之讼”。这个故事揭示了逻辑推理的一种形式——两难推理。

两难推理是一种有三个前提的演绎推理，其中一个前提是选言命题，另外两个前提是假言命题。两难推理有两类，四种形式：

简单构成式：如果A则C，如果B则C，A或者B，所以C。

简单破坏式：如果A则B，如果A则C，非B或者非C，所以，非A。

复杂构成式：如果A则C，如果B则D，A或者B，所以，C或者D。

复杂破坏式：如果A则C，如果B则D，非C或者非D，所以非A或者非B。

两难推理是进行论辩的有力工具，它可以使论敌欲进不能，欲退不能，增加逻辑的论证性和说服力。

当然，两难推理也是诡辩术的常用手法之一，古今中外，屡用不绝。那么，应如何应付呢？

对日常生活中所遇到的不可避免的两难推理，要权衡利弊，“两害相权取其轻”。试想一个年轻活泼的少年，突然发现患骨癌，医生提议给孩子截肢时，患者的家长必然面临两难选择：是截肢，还是不截肢呢？如果截肢，那么孩子会终身残疾；如果不截肢，那么孩子性命难保。面对这种情况，家长还是决心给孩子截肢以保全性命。

对为诡辩论作论证的两难推理，一般说，总是来源于假前提，要反驳它，我们可从考察推理前提入手，指出假的选言前提或指出不真的假言前提。“半费之讼”中的前提就是错的，普罗泰哥拉在这个“两难推理”中采用了两个不同的标准：一个假言前提是按合同；另一个假言前提是按法庭判决。这样，他在不同的情况下可灵活采用有利于自己的标准。另外，合同的规定是模糊的，合同中没有把教师从打官司的对象中排除出去，一旦师生之间打起官司，就使合同的性质发生了变化。反驳两难推理，最常用、最有效的是提出一个相反的两难推理，即提出和原推理相反的两个假言前提，并由此导致和原结论相反的新结论。这样反驳方从被动的回答者变为主动的发问者，把难题转回。欧提勒士就是这样办的，他改换了依据的论据的位置，实质是用特殊方法指出老师推理的错误。虽然这一新的两难推理本身仍是诡辩，但这是以其人之道，还治其人之身。用以假乱真去破解以假乱真更有说服力。

类似的例子在中国历史上屡见不鲜。

据说明太祖朱元璋当了皇帝后，仍不改肆意嗜杀的恶习，手下臣子稍不如意，就可惹杀身之祸。一次，朱元璋心血来潮，让画师周玄索在宫内墙壁上画一幅《天下江山图》，周玄索思考片刻回禀皇上：“为臣我未曾走遍天下九州，不敢接旨从命而作此图，希望由陛下您亲自打个草稿，设定轮廓，然后再让为臣把它润色出来。”明太祖当即挥笔画了个大概形式，轮到周玄索加以润色了，周玄索手未动，再次禀告道：“陛下您已把天下河山奠定，御笔定乾坤，为臣我怎么可以乱加改动。”明太祖听了笑起来，就此作罢。

周玄索面对明太祖给他提出的两难推理：不画不行，这是皇帝的旨意；画也不行，天下江山，如何能以一幅图表现出来。以同样的两难问题回复给皇上，使皇上陷入左右为难之中：先画不是，御笔定乾坤，臣子不敢动；后画也不行，皇帝走遍天下，画师井蛙岂能观天。

再举个书法高手王僧虔与南齐太祖萧道成的故事：

两人都是书法高手，一次打赌比赛书法，写完后，太祖问王僧虔，咱俩谁是第一名。对王僧虔来说，这又是个两难问题：太祖是业余爱好，自己是专业书法家，违心说太祖第一，自贬自己不行；说自己第一，得罪皇上，说不定龙颜一怒，自己性命不保。事到临头，避之不可能，只得增加标准，便回禀道："为臣我的书法是臣子当中的第一，陛下您的书法是天子中的第一。"

标准从一个增到两个，使皇上处于两难中，火发不得，奈何不了对手。

第八章

生活中语言的艺术

做一个妙语连连的人

提高生活的质量，最关键的是提高生活语言的艺术，因为语言的艺术和品位在生活中的每时每刻都能感觉到。过去的人们说，“佛要金装，人要衣装”；现在这句话应该改为，“佛要金装，人要口才”。语言比任何装饰对人都更重要。女人需要化妆，需要漂亮的服装，需要香水和时髦的皮包。可是工作的时候、休闲的时候，不可能总是保持“武装”整齐，如果离开了这些“武装”，“质量”就下降了，品位就不见了，岂不太糟了。但有一样化妆品也是最高级的化妆品——“语言”随时随地都能起作用。如果能使生活的语言高度地艺术化，无疑就是生活的高度艺术化，就是生活的高品位。即使是在一些非常细微的生活细节上也是如此。

比如一次，一位朋友因为酒宴耽搁了时间，主人只有派车将他送到机场，当时离飞机起飞还剩下不到半个小时的时间。他急急忙忙，三步并作两步冲到检票口，冲着验票的服务员问：“小姐，我能不能搭上这班飞机?”服务员小姐见他如此紧张，微笑着回答：“你的时间很多，只除了一种情况以外。”“只除了什么情况?”他急促地问。“除非你走错了机场。”原本紧张的朋友，望着服务员小姐舒心地笑了。这和那种大声叫嚷：“别慌别慌，还来得及!”让人宽心多了。

打开自己的话匣子，不要做沉默寡言的人。要“宣传”自己，让别人在工作上、事业上、心理上都全盘接受你，这对你将大有裨益。远远好于领导不放心你、同事怀疑你、老总不关心你。关于打开你的话匣子，我们只有这一点意见，用一个从讲话中得到快乐的人的话来说：

“在开始演讲的两分钟之前，我宁可被鞭打死去，也不愿站起来演讲。但是，到了演讲快要结束的时候，我则宁可被枪毙也不愿停止说话。”

任何人，不管对任何事感兴趣，只要有讲出精彩的想法，都可以尝试打开话匣，收获精彩。不信可以试一下，你会找到趣味相投的朋友，获得他人的理解和支持。在工作中，或事业发展期间，因为健谈吸引人而获得成功的实例多如牛毛。在中国很少有人研究这个问题，很少有人讲口才的“实惠”，以此区别“口惠”。比如像这样的文章：

“在很久以前，堪萨斯城某单位的负责人，即因为一次成功的演讲而引起大家的瞩目。当时的这位年轻演讲家，很快便成为我们公司的副董事长。”“到目前为止，他已登上 NCR 董事长的宝座。”

如果你是一位健谈的人，你所讲的每一句话，都深入人心、铿锵有力。你能体会到别人的专心与注意力，你就能体会到一股难以抗拒的魅力和终生难忘的满足感。有了这样的一次，便会激励你不断努力下去，力求使自己的谈话越来越生动、越来越精彩。你有过一次这样的魅力，就像阿里巴巴念过“芝麻开门”见到宝藏，你也一样会珍惜这把钥匙。

“用心”讲话见效最快。留心处处皆学问，说话也不例外。如果有人告诉你他在想什么，你就应该可以大概猜出他是什么样的人，因为一个人的思想，往往反映他的人格。反过来看，如果你知道他是一个什么样的人，就应该能想到他会说什么样的话。只要你对一定会成功的事抱有信心，勤于思考，下定学习的决心，有朝一日也许会一鸣惊人。只有养成思考习惯的人，才会深深懂得听众想听什么话，会知道自己该如何表达。即使你没有口才的天分，因为“有心”，因为勤奋，日积月累，自然也会练就“露一嘴”的功夫。为此我们提示您：

不要放弃任何练习机会。

尽量尝试。

冒险带来改变。

学游泳必须下水。

愿望，持续性与自信心。

向每一个人学习。

“用心”就能发现奥秘。

水到渠成，功夫不负有心人。

我相信，言论自由，语言面前人人平等，有几分口才说几分，不要视说话为畏途。害怕在众人面前说话，不只是你一人。根据我们的调查知道，有80% ~90%的学生，对上台说话感到困扰与恐惧；而已步入社会的成人，则几乎100%害怕公开发表演说。所以你不必害怕，也许你可以做一名最有胆识的人，这是我们相信语言面前人人平等的第一个事实。第二个事实就是产生某种程度的说话紧张感。这对于讲话和思考反而是有好处的，就像我们面对异常的环境时，自然采取了一种心理防御措施一样。所以，即使公众场合发表讲话时你的心跳频率加速，呼吸也变得急促，仍然不足为惧，这只是对外界敏感的部分身体功能在起作用，开始为活动做准备而已。当这些生理机能准备好之后，你才能比在平常条件下，更敏捷地运转思维，也才会讲得更流利，同时说得更热烈，达到一种兴奋的状态。没有这种状态，很难有高亢的热情和慷慨的陈词，或出现奇思妙语。也只有这样语言才有了活力、魅力、诱惑力和煽情的功能。

做一个幽默又有格调的人

幽默是智者的逻辑，是慧者的感情。它们的一致性或许远远超出了我们的理解，我们从来没有怀疑过其真实性。它们在认识事物上所达到的深度以及方法上的意义，都让我们为之叫好。那么我们不禁要问，幽默从哪里来？答案当然是潇洒。陷入功利情结中的人，是缺乏幽默感的人。而那些既在乎利益又并非不能自拔的人，才可能幽你一默。洒脱具有的美感和幽默具有的审美情趣是完全一致的。它们都源于距离。这个距离，在生活中就表现为情趣和格调。从逻辑的角度看，幽默必须具备三个条件：

一是能够看穿事情背后的真相。

二是能够在众说纷纭的乱象中找到事实真相。

三是能够接受现实和现象。

上述三项条件缺少一个，幽默都很难成立。而潇洒的姿态正是洞穿了事情背后的真相，并且能够在其中，找到一个真实的自己。如果他愿意承认不合理的现实，接受不合理的现象，在他自身的那个与势利态度有距离的位置上，他所能采取的表达方法，除了置之不理，更合情理、更自然的便是幽你一默了。在生活中，无论男女，处世洒脱，会受人尊敬。而在工作中、在事业上，却肯定不受老板欢迎，因为职场不是随便、随性的地方，这里的一切都具有很强的功利色彩和利害关系。所以幽默在这里也应表现出趋利避害的上乘功夫。

一、“忍得疼”方有绝妙俏皮话

莎士比亚说得好：“简洁是语智（wit）的灵魂。”很多时候一句俏皮话，抵得上千言万语。俏皮话也是口才的一大特点，包括随机应变说出的一句精彩的即席妙语。妙语也罢，俏皮话也罢，并不一定非要令人捧腹大笑，它也许只带有一点点的幽默，或具有一点悲情，它大多是一个颇为让人愉悦的素材，传递出一个可爱的讯息。比如一个有关已故的肯德基炸鸡创办人桑德斯上校的故事。

桑德斯上校一次坐飞机的时候，有个小婴儿不停地大声哭叫。不管他的母亲和空中小姐如何安抚都无法使他安静下来。

上校站起来，他问这位母亲是否可以让他抱一把这位小婴儿。然后当他把这个孩子抱在怀里轻轻地摇晃时，小孩子竟然很快地安详睡去。

在上校回到座位时，他旁边的一位乘客礼貌地向他道谢：“我们都很感激你为我们所做的事情。”上校回答说：“我做这件事情并不是为了我们，而是为了这个孩子。”

政治人物都很善于运用几句开场白来点出全部演讲的要旨。

1988 年李察·盖哈特在退出总统竞选的退出演说中，开场说道：“人家说在胖小姐（布什夫人身材略胖）唱歌以前，歌剧就不算完。前天晚上我们在密歇根州的失败之后，我就很清楚地看到她趋向麦克风。”

这段话很俏皮、轻松，可以让你呵呵笑一场，而它同时也精确地告诉你他下面将要讲些什么，使别人知道他将要发表退出竞选的声明。

二、不争吵是格调高雅

有个男人是个秃头，所以他总是戴着帽子。他跟夫人一起外出时，总是担心夫人开车的技术不好。有一次他对开车的夫人说：“今天我在高速公路上看到十二部车子撞成一堆，你知道怎么回事吗？原来是有个女人打了左转方向灯，有十一个驾驶人相信她。”夫人说：“我知道，开车最差劲的就是那种戴着帽子的老头子。”

这可以说是偏见对偏见，但它带来的是笑声，而不是争吵。

在两个亲密的人之间，语言上的冲突不仅可以存在，而且对他们相互的关系还是有帮助的，十分必要。在夫妻、姐妹、父子、母女之间也是如此，不要片面地理解冲突。我们相信，任何密友或情侣，只要有诚意交往，对对方抱有强烈的希望，便会对对方有更高的要求，以此加强双方的关系，满足自己的愿望。这种做法并不是每一次都能得到对方的理解，或者是完全地接受，所以就会产生冲突。在这时只要彼此都能敞开心扉，通常冲突都不会升级，更不会动用拳头和指甲；但若处理不好，可能会引起误会，从而产生隔膜。在传统的人群中间，这种合理的冲撞，很难保持在平衡的状态，所以经常会出现大吵大闹的现象。尽管这种大吵大闹的事不值得欣赏，但是这往往表明，他们的生活中很少有谎言和压抑，而且能摒弃成规。如此一来，他们共同生活的内在紧张感及挫折感会大大减少，这就是为什么很多老一辈夫妻，他们既是经常拌嘴争吵，又能长相厮守的原因。我的姑父姑母就是这样一对可爱的老人。两位老人每年都吵架，甚至一年吵好几次。到了六七十岁还在说离婚，可他们是真正分不开的夫妻。1997 年姑母病逝时，身体状况良好的姑父，仅隔一个礼拜，就悄悄离开了人世。这是老一辈人的故事。

现代人对感情生活的要求更高了，有了矛盾和冲突不一定非表现为直接的争吵，也不会过度地压抑自己，而是利用更有品位、更有水平的语言来宣泄，这样既没有伤害别人，又平衡了情绪，在讽刺、幽默、俏皮话和妙语之争中，达到双赢的结果，这就是现代生活的格调。

三、“花心”成风趣高手

作为一个现代人，应该视野开阔，兴趣广泛，要有一颗“花心”，也就是一颗开放的心。只有当一个人的心呈开放的状态时，眼界才能宽阔、思维才活跃。这既有利于身心健康，又有利于提高生活质量。在这种状况下，精神生活将逐渐变得丰富起来，感情亦会变得优美，全都变得轻松自由，更容易发挥想象。建立一个更快乐更洒脱的形象，能够轻易地摆脱现实的束缚，而不会拘泥于令人乏味或感到无奈的事实。

一个时时刻刻感到现实压力的人，他的人生道路是很难走的，这样的人成功的可能性被大大降低了。然而善于解脱自己，能挥洒自如，轻装上阵的人，成功的概率就大得多。因为他们有一颗“花心”，经常处于一个良好的状态，不会由于一点小事就“困住”自己。他们的做法值得我们借鉴。

有一个美国作家应邀去他社区的扶轮社演讲。他平时也去别的社团作早餐演讲，通常都是有报酬的。但这次不同，没有报酬。那天那个扶轮社有一个来自印度的社团来访。在午餐会上双方交换旗子，在交换过旗子之后，访客发现他所收到的旗子是墨西哥的。这使得该扶轮社的社长颇为难堪，他解释说，他从家里带旗子来的时候带错了，这面旗子是他上次访问墨西哥时所带回来的。

本来应该换一面旗子，可是当天当地却买不到小旗子。社长于是答应要在一两个礼拜之内，把旗子寄给访客。作家看到了这一件事情后，便使用它来作当天演讲的开场白。他说道："我常常在想为什么这个社团不付钱给他们的午餐演讲人。我现在才了解他们要把钱省下来买小旗子。"这番话获得听众大笑而报以掌声。

我们假设你不是一个潇洒风趣的人，那么你拿什么让观众喝彩呢？你若是直接表示自己很在意，那么听众可能要给你喝倒彩，扔饮料瓶。要想成功，要赢得人们的鼓掌那你就可以这样做：

忘掉事物给你带来的不愉快。

给自己找一个能得到宽慰的结果。

让过去变成回忆。

借助别人的话题，表达自己的感受。

注意听别人讲话。

不要用常规去推理。

反用典故。

用笑话解释事物。

用逸闻或新闻信息回答问题。

化用名言或伪造格言。

巧借流行词汇。

虚拟故事。

四、无废话就是品位

无论是在社交中还是事业上，一张秀口都会为你增辉。而这个世界上，没有哪个秀口是天生使然，都有着一个从无意识到有意识的练习过程。有些人是因为克服了畏惧心理，终于在大众面前开口讲话；有的人是非常理智地改正了讲话的毛病，或是调整演讲中的各种不适状态，对演说有了信心；还有的人是因为通过训练掌握了语言表达的技巧，有了娴熟的口才。每个人都有自己的收获，其中对大多数人而言，是明白了一个道理：讲话要有的放矢，不可以随便“放炮”。就像我一位担任外科医生的朋友在介绍自己的演讲体会时说：“切除一条盲肠的手术，只要花十分钟即可。但若要熟悉那些处理手术中发生意外事件的法则，则需要花费四年以上的时间。”也就是说，如果一个人要想获得像手术一样十分钟或十几分钟就能令人叹服的口才，这大概也得花四年以上的工夫。为了大家有一张像手术刀一般犀利的嘴，为了使大家在很短的时间里掌握这门“技术”，我们总结了演讲的经验，发掘出了一些“原则性”的东西，使大家在几分钟的时间里就能重复一遍他人的体验。我们给它取了一个名字叫“哨兵法”。它就像工厂的质量检测员一样，把所有的语言都当作“语言工厂”生产的产品来检查。我们让这个“哨兵”站在语言的大门口，严格把守你的嘴巴，合格者“出口”，不合格则打回。只要你不拼命“灌酒”，把这个“哨兵”灌倒，我们认为是很容易见成效的。这个“哨兵法”内容如下：

（一）不讲空泛的道理。

（二）个人体验比理论重要。有些人对一些事毫无概念，或只懂皮毛，却认为自己应该对这些不懂的事发言，如爱国主义、民主思想或改革政治这一类的事。这是非常有害的。这类空洞的大道理，只有与个人的切身感受联系起来，才会引起听者的关注，所以无亲身经历不谈这些问题。只有讲述现实的问题听者才感兴趣。

（三）以自己的人生经验为话题的人，是绝不会令听众感到没兴趣的。

掌握了“哨兵法”的原则，接下来我们看着可以讲哪些内容。

没有一句无聊的话。

把最想说的话先说出口。

从自己的“矿藏”中挖掘话题。

以自己的生活背景解释事物。

寻找你印象中最深刻、意义最深长的经验。

听众最易接受的话题，是每人特定生活范围内的事。

幼年与成长。

少年时代为求上进的努力。

爱好与休闲活动。

特殊的知识领域。

特别的体验。

信念和信条。

激励自己奋斗的话题。

由衷地表达。

催人奋进的故事。

热衷和听众分享快乐。

对目的产生热情。

不做毫无意义的雄辩。

要意识到成功或失败决定于听众。

演说就要充满活力、内容新颖生动。

强有力的感觉，能深深吸引听众的注意力。

这就是为什么有些广播员语言非常标准，很有教养、所说的话也有条有理、组织文字的能力强、发音清晰，但却因缺乏个性，而显得语言指向不具体，语意非常暧昧，尽是概念性的东西，他们的观点很少用自己亲身的体验为例证，好像全是假大空的东西，所以我们认为：

说话要限定主题。

如果贪心会导致失败。

要点愈少愈好。

以现实感很强的语言说出。

善于选择话题。

有储存预备的“材料”。

用实例说明问题。

要有人情味。

“点题”要准确。

细节要清晰分明。

利用对话可以使讲演更生动。

用手势、动作、表情把讲话视觉化。

使用具体、亲切的语言。

善于使用形容词。

要节约语言。

我们相信“真理和谬误只隔一步之遥”。

选择自己认真思考过的话题。

信心能感动人，有时超过真理。

卡耐基先生是一个演讲专家，他曾给别人讲过一个“牧草和山胡桃树灰的事件”。

很多年前，在纽约市他所举办的演讲训练课堂上，听到过一次颇有说服力的演说。虽然他以前也曾听过许多很有说服力的热烈演说，但这次被他定名为“牧草和山胡桃树灰的事件’的演说，则是超越常规的成功实例。这个事件的主角，也就是演说者，为纽约市某著名公司的能干推销员。话题是有关没有种子、没有根，却可以长出植物的荒谬言论。情形大概是这样的：

推销员将山胡桃树烧过的灰，撒在用犁耕过的土地上，结果有什么样的奇迹发生呢？推销员说：“就在这块撒过山胡桃树灰的土地上，长出了绿油油的牧草嫩芽。”这位推销员一再强调：是因为山胡桃树使牧草长出来的，绝对没有其他因素使然。

他一方面批评推销员的言论，一方面举出牧草种子的实价。一盒要好几美元。如果仅用山胡桃树灰就可以使牧草无中生有的话，则此一重大发现必定可以使其成为百万富翁，并且流芳百世，闻名遐迩。从以往到现在，未曾听说过这类似的奇迹。这种从无生命的物质创造出有生命的植物的事，实在是太不可思议了。他以尽量温和的语气，反驳推销员的谬误，因为他认为推销员实在错得太过于离谱了。说完之后，他以为推销员一定会心服口服，不会再有任何异议提出。

不料，他批评过后，在其他听众也认为推销员的言论荒谬的情况下，推销员居然又自以为是、执迷不悟地提出反驳，坚决地认为自己的主张没有丝毫错误，并且跳起来大声疾呼："我是绝对正确的，这并非空谈的言论，而是经过试验的事实。"

他一再指出推销员的论点根本不可能成立，也许自有其道理，但事实上是不可能存在的。听完他的辩护，推销员又站起来说愿用五元打赌这件事的真实性，并且请政府检验局来做证。结果如何呢？信心感动人，听讲的人都站在了推销员的那一边，很多人甚至相信那是有可能的。于是他问听讲的人，使他们信心动摇的原因何在？他们异口同声地回答，那是因为推销员的态度很诚恳，充满自信心，使他们不由得不信其言论。

最后呢，让我们再次注意会话在每个人生活里所扮演的角色。现代人大都将空闲的时间花费在休闲生活的追求享受上，而这些休闲活动不仅仅只是一种娱乐与消遣，我们更可从中学习，并促进身体、心理、精神上的成长健全。

休闲活动可以是完全的孤立方式，如阅读、写作，或者个人各种形式的艺术创作；也可以是群体大众共同参与，如会话及交谈，当是学术性的活动时，不管是艺术方面也好，或者科学方面，都需要群体合作，而其中一定得牵连到会话与讨论。

成年人对于休闲的追求，是绝对有必要再去完成教育的过程的。当人们从学校毕业后，如果没有继续不断地学习，那么他便不算是个真正受过教育的人——不管他的学历有多高。

对于继续的学习采用些什么主要形式呢？我的答案是以下三点：

第一点，从个人的生活经验里来探索生命与了解社会。

第二点，从阅读的各种书籍里来充实知识、了解万象。

第三点，从事于既有利又有趣的会话言谈，可以和别人谈些旅游的发现、看过的书、自己的见闻……

上面所说的前两点如果没有第三点的帮忙，便无法完成个人教育的整个过程。而要使自己成为一个真正受过教育、有学识的人，便要不断地自我教育。由此可见，学习如何听与说、学好谈话这门艺术对我们而言是再重要不过的了。